Tarô das Bruxas

Ellen Dugan

Tarô das Bruxas

© Publicado em 2018 pela Editora Isis.

Revisão de textos: Rosemarie Giudilli
Diagramação: Décio Lopes
Capa: Ellen Lawson

Dados de Catalogação da Publicação

Dugan, Ellen

Tarô das Bruxas /Ellen Dugan | 1ª edição | São Paulo, SP | Editora Isis, 2018.

ISBN: 978-85-8189-110-1

1. Tarô 2. Arte divinatória I. Título.

Proibida a reprodução total ou parcial desta obra, de qualquer forma ou por qualquer meio seja eletrônico ou mecânico, inclusive por meio de processos xerográficos, incluindo ainda o uso da internet sem a permissão expressa da Editora Isis, na pessoa de seu editor (Lei nº 9.610, de 19.02.1998).

Direitos exclusivos reservados para Editora Isis

EDITORA ISIS LTDA
www.editoraisis.com.br
contato@editoraisis.com.br

*A primeira vez que chamei de bruxa a mim mesma
foi o momento mais mágico de minha vida.*

Margot Adler

Agradecimentos

Criar um baralho de tarô é uma viagem longa e árdua marcada por altos e baixos, dramas, intrigas e, creia ou não, até por comédias. Não há nada como combinar uma bruxa organizada e detalhista com um genial artista, caçador de nuvens.

Mark, suas ilustrações são tudo o que podia esperar. São impressionantes e, sinceramente, nunca voltarei a olhar as nuvens do mesmo modo.

A meu marido Ken e a nossos filhos, Kraig, Kyle e Erin: obrigada pelo vosso entusiasmo ao posar para as cartas (apesar de artesãos, sustentarem copas de cerâmica, colheres por cetros e tesouras em lugar de espadas) e sobretudo, graças ao entusiasmo de vocês com este projeto e por crer em mim.

Houve mais algumas almas que foram suficientemente corajosas para seguir apoiando-me e animando-me durante dois anos e meio. Entre esta gente encantadora posso lembrar de Christopher, Colleen, Jenn, Joyce, Jeanne, Kina, Sokstice, Tess e as senhoras da minha assembleia de bruxas. A todos agradeço pelo apoio e pela amizade inquebrantável.

Também, meu carinhoso agradecimento aos parentes e amigos que posaram alegremente para várias cartas de tarô: minha neta Olívia e meus sobrinhos Etha, Hunter e Rylan, assim também meus amigos Ariel, Charlynn, Dawn, Ember, Heather, Jen e Shawna.

E ainda muitas palavras de apreço para minha fabulosa editora Baecky Zins, para Bábara Moore e para o departamento de ilustração de Llewellyn. Obrigada a Elysia Gallo por saber ouvir e a Cheryl York por me conectar com as duas pessoas que impeliram este projeto até o fim.

Por último, com gratidão, a Bill Krause e Sandra Weschcke, os heróis deste baralho. Nunca se renderam ante este livro, nem deixaram que eu o fizesse. Obrigada.

Sumário

Introdução 11
Os Arcanos Maiores 21
Os Arcanos Menores 89
    Copas 91
    Espadas 126
    Paus 160
    Pentáculos 194
Tiradas de tarô 231
Magia com Baralho do Tarô das Bruxas 245
Apêndice I 257
Apêndice II 259
Referência Bibliográfica 269
Sobre a autora 271

Introdução

Minha experiência com o tarô

O caminho da vida serpenteia e gira e não há duas direções iguais, contudo, a viagem nos dá as lições e não o destino.

Don Williams Jr.

Há mais de vinte anos leio o tarô. O modo como comecei a me interessar por esta prática – alguns inclusive diriam que é imprópria – quer dizer, nenhuma velha cigana entregou-me, à luz da lua cheia, um baralho manuseado e descolorido de tarô. Nem tampouco pude me assegurar que me fascinassem nem a tradição nem a mística das cartas, o que me seduziram suas imagens e seus mistérios. Não. O fascínio e a sedução surgiram muito mais tarde.

Comecei a usar as cartas de tarô porque era um modo de conseguir que meus clientes relaxassem enquanto lhes adivinhava o futuro. Quando comecei a trabalhar no circuito profissional da clarividência, tinha vinte e tantos anos e três filhos. Não usava nenhum tipo de material, só ligava meu gravador, concentrava-me no paciente e logo lhe pedia que me desse a mão e se deixasse levar.

Evidentemente, para a maioria dos clientes não havia graça nenhuma ter ali, a seu lado, uma jovem de vinte e quatro anos, um tanto arrogante, que lhes tomava a mão e remexia suas cabeças. Aquilo os surpreendia e, francamente, dava-lhes medo. Ainda que meu último propósito fosse assustar alguém. Nessa intenção, dediquei-me a observar o que faziam outros clarividentes e compreendi que seus acessórios (as belas cartas de tarô, as velas e as pouco frequentes, mas muito manuseadas e reluzentes bolas de cristal) faziam com que os pacientes relaxassem. E sem mencionar as adivinhas que usavam turbantes. E eu falo sério.

Além disso, estávamos no início dos anos noventa: naqueles dias, nas férias psíquicas de São Luís, qualquer um que não usasse cartas era visto com desconfiança. Assim, porque era prático, saí à busca de um baralho de tarô bonito e aprendi de memória, as cartas. Como se fossem tarjetas de vocabulário, de início, eu memorizei três palavras básicas para cada carta e desse modo pude começar a trabalhar. Meu marido sentava-se e puxava uma carta ao acaso, enquanto eu dava de comer às crianças; assim era como praticava. E fui aprendendo o baralho do tarô, enquanto os filhos engatinhavam como doidos pela casa, entre lavar a roupa, os pratos, as fraldas e outras obrigações familiares. Quando tive uma ideia básica das setenta e oito cartas, comecei a estudá-las a sério. Em geral, o fazia quando meus filhos dormiam à sesta ou à noite.

Descobri alguns tantos livros essenciais sobre o tarô que elevaram minha compreensão das cartas e seus significados tradicionais. Pratiquei as leituras com amigos e logo com os amigos de meus amigos. E um dia aconteceu algo maravilhoso: compreendi que cada carta tem uma história para contar. Sempre me encantou um bom relato, inclusive, antes de chegar a publicar um livro e por isso comecei a associar as cartas com certas histórias e com gente que conhecia.

Comecei a notar que algumas cartas, quando caíam numa posição determinada da leitura, significavam sempre o mesmo, fosse quem fosse o consulente. Esse fato me inspirou e comecei a usá-las como um trampolim e a permitir que abrissem passagem para uma leitura mais refinada e detalhada.

Fiquei totalmente encantada com o simbolismo e a magia das cartas. Como bruxa, tornava-me fascinante descobrir que os Paus do tarô não eram apenas baseados nos quatro elementos, mas que também participavam dos mesmos significados e qualidades essenciais. Quanto mais atenção punha nas cartas, mais simbolismo mágico descobria. Utilizei diferentes variedades de cartas de tarô para experimentá-las, e meu carinho e minha história de amor com o tarô tornaram-se mais fortes do que nunca.

Durante os últimos vinte anos trabalhei com um baralho favorito e com outros um tanto extravagantes, mas nunca tive um baralho de tarô que me parecesse realmente mágico. Tive alguns baralhos, baseados no tema das bruxas; não obstante nunca me senti de todo à vontade com elas. Para dizer a verdade, davam-me um pouco de vergonha, ou simplesmente eram muito absurdas. Além do mais, descobri muito rápido que as pessoas reagiam mal ante esses baralhos velhos e de certo mau gosto, quando tentava usá-los em leituras públicas e ao vê-lo dava-me vontade de rir.

Indagava-me se alguma vez apareceria um baralho elegante, com força, com imagens belas e clássicas com que as bruxas pudessem se identificar. Quando se me apresentou a oportunidade de desenhar e de escrever os textos para um baralho de tarô completamente novo baseado no tema das bruxas, pensei nele durante um dia e em seguida comecei a trabalhar. O baralho do *Tarô das Bruxas* passou algumas tantas décadas na esfera do desejo e cerca de dois anos e meio na esfera da criação. Creio, entretanto, que o leitor descobrirá que a espera valeu a pena.

Simbolismo: a linguagem do tarô

O simbolismo não é uma mera fantasia indolente...
Faz parte da textura mesma da vida humana.
Alfred North Whitehead

Este baralho baseia-se no clássico *Tarô Rider-Waite-Smith*. Se estiver familiarizado com a simbologia tradicional do tarô, captará muito rápido as definições básicas, todavia, quero convidá-lo a dedicar um tempo a ler as descrições de cada carta para entender os significados mágicos mais profundos que encerram. Use este livro para interpretar o que lhe diz cada uma das cartas até que se acostume com seus significados mágicos específicos.

Cada imagem individual representada na cena de uma determinada carta de tarô tem uma razão de ser. O simbolismo é a linguagem do tarô e no *Tarô das Bruxas* usam-se muitos tipos distintos de simbolismo. Sempre acreditei que cada carta conta um relato original e maravilhoso. Convido-o a observá-las com atenção e a captar o que elas revelam.

À medida que for estudando as imagens de cada carta, leia este livro para descobrir o que representa cada flor, paisagem, cor de roupa, joia, árvore, fruta, animal ou criatura elementar.

Além do mais, verá que há palavras-chave que definem o significado de cada carta à direita e invertida. Tais palavras o ajudarão a aprender com mais facilidade os significados básicos das cartas. Em acréscimo, nos casos em que for necessário, indicam-se as correspondências com deidades, associações astrológicas e elementais, além de um capítulo sobre a magia que apresenta novos feitiços do tarô. Os dois apêndices que aparecem no final do livro são, igualmente, de grande valia: leia-os com bastante atenção!

Há um apêndice sobre o significado dos números e o das cartas da Corte dos Arcanos Menores e outro sobre os símbolos comuns usados nas cartas, em ordem alfabética. Considere tudo, desde um castelo numa colina até os tronos nos quais assentam os personagens, passando pela heráldica de suas indumentárias...

Agora tem esses símbolos e seus significados ao alcance dos seus dedos bruxos. Todos esses magníficos recursos o ajudarão, intérprete de tarô ou bruxo, a absorver e a aprender os significados mais profundos e o simbolismo encantado do *Tarô das Bruxas*.

Fixe-se ainda na arte no reverso das cartas, com suas fantásticas estrelas na galáxia e aquela que a cultiva a tripla lua (que logicamente é o símbolo da nossa Tripla Deusa). Que melhor símbolo poderia haver para o reverso das cartas de um baralho de bruxas?

Abra-se à magia dessas cartas, prepare-se para melhorar sua destreza e desfrute da viagem.

Fazer uma leitura do 'Tarô das Bruxas' para si mesmo

Ler é para a mente o que o exercício é para o corpo.

Richard Steele

Você estará se perguntando: "Por onde começo?" A verdade é muito simples. Aconselho-o a se familiarizar com este baralho, a que estude todas as imagens que aparecem nele e leia sobre seu simbolismo e seu significado. E estará pronto para começar. A mim, pessoalmente, agrada-me concentrar-me e encontrar um lugar tranquilo para relaxar. Às vezes, para ajudar a entrar num estado meditativo apropriado, acendo velas ou incenso. Asseguro-me de que a casa esteja tranquila e que não haverá interrupção. Dedico esse tempo somente a mim.

Fazer uma leitura do tarô para si mesmo é uma forma de meditação. A mim, sempre me relaxa e constantemente aprendo coisas novas. Convido-o a fazer a experiência. Suas leituras pessoais serão muito mais claras e agradáveis se reservar muito mais tempo para meditar.

Uma vez que esteja atento, concentrado e tranquilo, escolha uma pergunta. Quanto mais simples for a pergunta, mais clara será a resposta. Embaralhe as cartas, escolha uma tiragem, divida as cartas e a faça a leitura.

Aqui vai um feitiço que o ajudará a se concentrar, a entrar mais facilmente a um estado mágico mental para fazer suas leituras pessoais com o *Tarô das Bruxas*.

Feitiço para leituras meditativas pessoais
(Criado por uma bruxa para que possa usar como ferramenta)

*Aqui há sabedoria da carta de O Mundo para a de O Louco.
Com setenta e oito lições e mensagens para receber.
Ilumina-me; tal como o desejo, que assim seja.*

Reserve o tempo que for necessário para ler e interpretar as cartas. Desejo que ao fazê-lo desfrute e ilumine-se. Bendito seja.

Fazer uma leitura para outro

*Cada jogador deve aceitar as cartas que a vida lhe oferece;
mas, uma vez em suas mãos, só ele deve decidir
como jogá-las para ganhar o jogo.*

Voltaire

Para realizar leituras para outras pessoas algumas regras devem ser levadas em consideração. Como sou uma bruxa veterana nas leituras de tarô para o público em geral, aqui vão alguns conselhos realistas e de sentido comum para quando ler a alguém as cartas do *Tarô das Bruxas*.

Pergunte ao consulente ou cliente se alguma vez lhe foram lidas as cartas.

Caso não, você terá a oportunidade de lhe explicar o que realmente simbolizam algumas das imagens mais impactantes do tarô. Assim evitará que sinta medo ou se altere. Por exemplo, o Dez de Espadas simboliza ser traído ou apunhalado pelas costas; a Morte revela uma mudança (e costuma aparecer nas leituras que são feitas às grávidas e a quem, por exemplo, está prestes a se casar ou ingressar em uma universidade. Afinal, suas vidas vão mudar para sempre e de forma radical), e A Sombra significa enfrentar seus próprios medos. Dessa forma, você tranquiliza o cliente antes de iniciar sua primeira leitura. Desse modo, ambos desfrutarão da experiência.

No início da leitura peça ao consulente expressar sua pergunta.
Peça-lhe, contudo, que a mantenha em mente, enquanto embaralha as cartas. Se alguém mais pode tocar suas cartas, essa pessoa é o consulente. É melhor que ele embaralhe e corte antes da leitura; desse modo, suas energias e suas ações influenciarão nas cartas e em como vão se apresentar. Alguns insistem que nunca deveria deixar o outro manejar suas cartas, mas eu prefiro deixar que seja o cliente que as embaralhe ou as corte. Uma solução fácil para este dilema é ter um baralho dedicado estritamente às leituras públicas e outro apenas para seu próprio uso pessoal.

Não precisa ler as cartas invertidas, a menos que queira fazê-lo.
Eu quase nunca leio. A vida já tem bastantes dificuldades. Além do mais, há ocasiões em que nos preocupamos ao ler as cartas invertidas. Lê-las ou não lê-las é sua escolha, você decide.

Nunca vaticine a morte.
Por quê? Muito simples: o mais provável é que esteja equivocado. Pior ainda, o que ocorrerá se estiver equivocado e alguém levar a sério sua previsão? Em todos os anos em que venho praticando leituras posso contar nos dedos de uma mão o número de vezes em que as cartas predisseram

uma morte física iminente e, inclusive, nesses casos, sempre se tratou de alguém perguntando sobre um familiar que se encontrava nos seus últimos dias, lutando contra algum tipo de enfermidade.

Conheça seu baralho.

Se durante uma leitura pública precisar se deter para olhar a resposta no livro causará a impressão de ser um mero aficionado e esfriará o ambiente. Por isso, se estiver fazendo leituras para um público, decore o baralho. Assegure-se de tomar o tempo necessário para aprender os significados e praticar antes de ler para o público em geral. Contudo, se estiver fazendo uma leitura para um amigo, não importa que interprete as cartas lendo diretamente do livro. Sente-se, relaxe e siga em frente.

Guardar as cartas.

Finalmente, quando encerrar a leitura, não há necessidade de envolver nem guardar as cartas em seda. O motivo pelo qual começou esta tradição é que a seda desvia as vibrações indesejáveis, mas não é estritamente necessário segui-la. Se a ideia lhe atrai, ponha em prática. Costumo guardar minhas cartas de tarô numa bolsa de tecido com cordão corrediço. É prático, pois as mantenho limpas e unidas, evitando perdê-las. E tenho bolsas de diferentes tecidos e cor para cada baralho, assim posso distingui-las com facilidade.

Lembre-se de que é permitido rir e divertir-se durante uma leitura de tarô.

Também é correto ser mais sério e reflexivo. Uma vez mais tem de honrar seu estilo pessoal e as suas decisões.

Todos nós somos únicos, e essa diferença traz personalidade e profundidade às leituras de tarô.

Creio que com essa explicação apresentamos o mais básico do tarô. Desfrute enquanto aprende o baralho e leia este livro. Poderá experimentar algumas tiradas novas de cartas e também feitiços e magia. Comecemos, pois, nossa viagem e exploremos o encanto e o mistério do *Tarô das Bruxas*.

Os Arcanos Maiores

*O Louco tem a prerrogativa de dizer
verdades que ninguém mais se atreve a expor.*

Neil Gaiman

A sequência das vinte e duas cartas dos Arcanos Maiores conta-nos as peripécias do Louco. Na primeira carta que aparece, com o número 0, vemo-lo no princípio da sua viagem, jovem, despreocupado, feliz e aberto às experiências de sua trajetória espiritual. Ao chegar à parte final dos Arcanos Maiores, o número XXI, O Mundo, é mais velho, mais sábio e aceitou os mistérios de sua senda.

Uma observação fascinante é que o vocábulo "arcano" carrega o significado de "mistério". As cenas das cartas dos Arcanos Maiores mostram-nos imagens e arquétipos evocativos, figuras simbólicas como a mãe, o pai, o Sumo Sacerdote e a Grande Sacerdotisa ou o herói, que aparecem em várias mitologias, religiões e tradições misteriosas e mágicas de todo o mundo. Estas imagens arquetípicas são verdadeiramente universais.

Em qualquer ponto de nossas vidas podemos encarnar uma carta dos Arcanos Maiores e talvez nos sintamos como se estivéssemos vivendo essa mesma cena. Estas vinte e duas cartas concretamente nos emocionam e tocam nossas fibras sensíveis. A imaginária e os arquétipos dos Arcanos Maiores unem a nós todos, porque ressoam no nível espiritual mais profundo. Falam-nos usando a linguagem universal da imaginação, uma linguagem que todos falamos.

Quando essas cartas aparecem numa leitura acrescentam peso e importância a ela. Ilustram assuntos espirituais importantes e revelam nossa relação com o arquétipo particular da carta. Numa leitura, quando saem duas ou mais destas cartas, é sinal de que o destino está desempenhando um papel em sua senda espiritual e em sua vida cotidiana. Reconforte-se sabendo que isto lhe ensina que ainda que as situações pareçam escapar do seu controle, há um propósito divino e mágico presente em sua vida.

Os Arcanos Maiores oferecem-lhe um mapa de estradas dos mistérios da magia e da sua espiritualidade. O que tem a fazer é apenas estar disposto a abrir os olhos, aceitar a sabedoria oferecida e começar sua viagem. Feliz travessia.

Os Arcanos Maiores | 23

0 | O Louco

0 ♦ O Louco

O Louco encontra-se no início da sua viagem espiritual e mágica. Suficientemente jovem, é bastante aberto e arrojado para aceitar o risco e dar um salto de fé. Passeia pela borda do precipício, sob o qual se estende um grande vale verde, com as montanhas às suas costas, sem se dar conta do risco ou do perigo. Com o apoio do seu cajado, leva um saco de couro repleto de experiências, protegidas por sua fé, simbolizada pelo pentagrama que mantém fechado o saco. Sua indumentária brilhante e colorida reflete sua alegria e boa disposição. A pluma vermelha do seu gorro encarna seu entusiasmo pela vida e o amor que lhe inspira a viagem. O Louco ergue o rosto para o brilhante céu azul e desfruta da sensação de liberdade, emoção e aventura de sua viagem.

A rosa branca que traz é o símbolo de sua inocência e sua confiança, assim como esse recomeço. O cão que aparece ao seu lado, fazendo alegres cabriolas, é seu fiel companheiro. O terrier branco West Highland (ou "westies" como costumam chamá-los) têm fama de ser um cão amigável, cheio de energia e inteligente, um companheiro perfeito para o viajante inexperiente.

Significado

A primeira carta dos Arcanos Maiores é um excelente exemplo de alguém que persegue seus sonhos. Aparece com frequência numa leitura, quando o consulente está tentando algo novo e completamente diferente. Pode encontrar-se justamente no início do seu caminho espiritual, explorando nova tradição ou senda mágica, ou talvez, começando novo trabalho ou se projetando em oportunidade inovadora de negócios. O Louco convida-nos à aventura, a sermos mais abertos e a desfrutarmos da viagem. Não se deixe abater pelas preocupações. O Louco diz-lhe sorrindo que tenha confiança e se aventure, mas que não se afobe pelo futuro; pelo contrário, aproveite a viagem e viva dia a dia.
Esta carta trata do famoso salto da fé. Sim, é verdade, é possível que cometa um erro ou que caia, mas sempre pode

se levantar, sacudir o pó e voltar a tentar! Às vezes, essa é a melhor maneira de aprender: atrever-se a fazer. Em última estância, O Louco exorta-o a abrir-se a novas possibilidades e ideias. Arrisque-se a romper padrões. Tenha confiança em si, seja valente! Há um mundo imenso e mágico lá fora... Saia a explorá-lo!

Palavras-chave: Siga seus sonhos. Aventura, começar do zero, exploração, uma viagem. Ideias novas; arriscar-se e lutar por aquilo em que acredita. O princípio de uma busca espiritual; explorar nova senda ou tradição mágica. Um salto de fé.

Deidades com as quais se associa: Nenhuma, porque O Louco representa a humanidade.

Associação astrológica: Urano.

Invertida: Comportamento irresponsável, atordoado e imprudente. Uma situação precária. Há de ser precavido e planejar o futuro.

I | O Mago

Vemos O Mago atrás de um altar, ao amanhecer, com o pentagrama no pescoço e símbolos mágicos bordados na túnica. Com a vara que traz na mão desenha no ar, sobre ele uma lemniscata, o símbolo do infinito, que nos recorda: "Como és por dentro, és por fora". Com a outra mão aponta para baixo a terra, para indicar outro ditado mágico clássico: "Como és para cima, és para baixo". Sobre o altar mostram-se acessórios clássicos do bruxo, que são também os símbolos dos quatro naipes dos arcanos menores: a taça, que representa o elemento água; a espada, símbolo do ar; a vara de espinho, associada com o fogo e a estrela dourada de cinco pontas, o pentáculo, com o elemento terra.

O Mago domina os quatro elementos da natureza. Ao combinar seu poder pessoal com eles faz magia simplesmente pela força da sua vontade. Encontra-se sob um emaranhado de rosas vermelhas, que representa a harmonia. Os quatro lilases que há no primeiro plano simbolizam a pureza da sua relação com a deidade e sua criatividade. As quatro fadas que revoluteiam em torno do altar encarnam cada um dos quatro elementos naturais: a fada verde, a terra; a vermelha, o fogo; a azul, a água; e a amarela, o ar. Mostram-nos que O Mago está intimamente conectado com os espíritos elementais e os assombrosos poderes do mundo natural, e que trabalha corpo a corpo com eles.

Significado

Ao aparecer em uma leitura, esta carta indica-lhe que se conecte com sua própria magia para descobrir as respostas que está buscando, que trabalhe em equilíbrio com os elementos e os poderes da natureza para criar sua magia e atrair para sua vida uma mudança positiva. A magia rodeia-o e no mundo natural se encontra em todas as partes... O Mago dirige-o a buscá-la. Conecte-se com esta energia elemental e aproveite seus poderes. Tenha confiança e mire dentro e fora de si.

Esta carta dos Arcanjos Maiores é uma lição sobre o princípio hermético da correspondência que nos ensina: "Como acima, é abaixo; como é por dentro é por fora". Existimos em todos os planos: o astral/espiritual, o energético e o físico. O Mago anima-o a escolher as ferramentas mais harmoniosas e os acessórios mais naturais para a magia. Aplique judiciosamente as leis da correspondência e os demais recursos que tenha à sua disposição.

Palavras-chave: Como acima, é abaixo. Destreza, determinação, conexão, confiança. Força de vontade. Fazer magia com os quatro elementos e os espíritos elementais. O princípio hermético da correspondência. Magia elementar e poder pessoal.

Deidades com as quais se associa: Hermes, Tot, Mercúrio, Hermes Trimegisto.

Associação astrológica: Mercúrio.

Invertida: Falta de confiança, problemas de comunicação com os demais, magia manipuladora.

II | A Grande Sacerdotisa

A Grande Sacerdotisa que tem ante si é poderosa, mística e autoritária. Também é séria, bondosa, justa e compassiva. É a Deusa no seu aspecto de Donzela e sua sabedoria é inconsciente. A Grande Sacerdotisa está sentada no seu trono, em atitude reflexiva; traz uma túnica etérea prateada e uma capa azul com capuz e ao seu lado, sentado tranquilamente, vemos um felino. O céu azul e a natureza são sua tela de fundo e a lua e as estrelas do cosmos brilham a seus pés. Ao seu redor, crescem em abundância as romãs. A Grande Sacerdotisa senta-se no centro exato das colunas lunares. Permanece serena e mantém seus poderes ocultos. Não se inclina para a energia crescente da lua, nem tampouco para a minguante, não sente inclinação para a luz, nem pela escuridão. É uma figura centrada e neutra.

Traz uma coroa de Tripla Deusa e um colar com pedras de âmbar e azeviche que denotam sua classe. O âmbar incrementa os poderes mentais e o azeviche aumenta a capacidade psíquica, ambas, qualidades importantes para a Grande Sacerdotisa. Em suas mãos sustenta um rolo de pergaminho que indica o conhecimento, e a sálvia em flor que representa a sabedoria. As romãs são consagradas para a deusa Perséfone e significam realeza e elegância. O gato negro, ainda jovem, um clássico entre as bruxas, simboliza os mistérios femininos da bruxaria.

Significado

Em uma leitura, com frequência, essa carta marca um tempo de iniciação e de aprendizagem. A Deusa Donzela propõe-lhe um desafio. Seja judicioso e ouça seus sábios conselhos. Esta carta é uma lembrança de que tranquilamente e em silêncio busque o conhecimento oculto e olhe em seu interior. Use a sua intuição e creia nos seus instintos. Agora não é o momento de deixar que suas emoções o dominem; pelo contrário, trata-se de uma oportunidade de crescimento e ocasião para desenvolver visão e compreensão profundas. A Grande Sacerdotisa ensina-o a ser forte e inteligente. Indica-lhe, calmamente, que para obter a autêntica sabedoria deve se lembrar, sempre, de usar sua magia com cuidado e desde um estado de neutralidade.

Palavras-chave: A Deusa como Donzela. Neutralidade, iniciação, sabedoria. Conhecimento interno, intuição. Energia lunar e magia, magia da lua crescente, os mistérios femininos da bruxaria.

Deidades com as quais se associa: Artemisa/Diana, Perséfone, a Deusa Donzela.

Associação astrológica: Lua.

Invertida: Desequilíbrio. Sentimentos reprimidos, rejeição a aprender e a crescer, potencial com que não se reconhece.

III | A Imperatriz

Ela está sentada num trono dourado rodeado pela natureza e embelecido com figura de rosas de cinco pétalas e trigo. A flor de cinco pétalas cria um pentagrama natural e as flores e as espigas de trigo a conectam com as antigas deusas Deméter e Ísis. Nesta carta, a Imperatriz está grávida, o que traz a mensagem de fertilidade. É a grande Deusa Mãe, e as doze estrelas que formam um halo em torno de sua cabeça representam os signos do Zodíaco. Na mão, segura um cetro que denota seu poder sobre todo o mundo natural. A bela Imperatriz veste uma rica túnica de cor verde, que reforça sua conexão com os poderes da vida, o crescimento e a natureza. As nove pérolas ao redor de sua garganta simbolizam os nove planetas tradicionais, e as pérolas são um símbolo da essencial criatividade orgânica.

Apoiado a uma das pernas dianteiras do trono, há um escudo de cobre em forma de coração com um símbolo estilizado de Vênus, planeta com que se associam tanto este metal quanto a carta de A Imperatriz. O escudo recorda-nos que devemos proteger e apreciar o amor em nossas vidas. O exuberante bosque, a verde erva e o rio que desce em cascatas são mais descrições do simbolismo sagrado feminino. O céu ao fundo, com pesadas nuvens acinzentadas, pressagia chuva e a vida que brotará da terra. As flores silvestres e o trigo que crescem em primeiro plano do cenário correspondem à abundância da colheita e representam a prosperidade e os recursos. Por último, o coelho que se senta satisfeito aos pés de A Imperatriz é outro sinal da energia e dos assombrosos poderes da fertilidade, da criação e da natureza.

Significado

Esta é a carta da maternidade, da fertilidade e do poder da natureza. Em uma leitura indica uma mensagem da Deusa Mãe, que nos exorta a respeitar a força e o poder da natureza e a capacidade do corpo para se reproduzir. Ao aparecer em uma leitura com o Ás de Ouros ou o Ás de Copas revela uma gravidez, momento em que se pode conceber. Esta carta também indica oportunidade de brindar o mundo com ideias novas e criativas. Protege e valoriza suas relações amorosas. Concentre-se em sua família e no seu lar e desfrute da energia e do entusiasmo que os filhos trouxeram para sua vida. "Dê à luz" às novas ideias. Abra-se à criatividade e à sua própria sexualidade e trabalhe prazerosa e respeitosamente com os poderes da natureza.

Palavras-chave: O aspecto maternal da Deusa. Dar à luz a novas ideias. Poder feminino, amor, sexualidade, maternidade. Fertilidade. Nascimento. Criatividade. Coração e lar, proteger o amor da sua vida, mágica lua cheia. O poder da natureza.

Deidades com as que se associa: Afrodite/Vênus, Deméter, Gaia, Ísis, Inana, a Deusa Mãe, Selena.

Associação astrológica: Vênus.

Invertida: Problemas domésticos e nas relações familiares ou amorosas, infertilidade.

IV | O Imperador

O sábio Imperador vigia seus filhos, enquanto brincam alegremente, no fundo do cenário. Para indicar seu poder sustenta um cetro coroado com uma cruz egípcia na mão direita. Na esquerda sustenta uma esfera. Veste uma capa púrpura que representa sua soberania. As montanhas que ficam atrás dele simbolizam sua força e determinação. O Imperador está observa a cena e projeta suas opções e planos futuros. É um governante sábio e bondoso e uma figura paterna afetuosa. Esta carta é associada astrologicamente com Áries, que vem representada pelas cabeças de carneiros gravadas nos braços do trono e pelo símbolo de Áries na armadura de O Imperador.

É esta a característica masculina da deidade, o aspecto de Deus e o do Pai Divino. As tulipas de cor púrpura presentes na cena em primeiro plano simbolizam realeza, enquanto a azedinha, em flor, que cresce a seus pés, simbolizam o afeto paterno. Curiosamente, o Imperador não tem armas; em seu lugar usa o poder da sua sabedoria e da experiência para governar e manter a paz.

Significado

Esta carta pode simbolizar "o cabeça" da família ou o dirigente de um grupo de praticantes de magia: uma pessoa responsável e equilibrada. Também pode representar seu chefe (ainda que seja uma mulher), não apenas o seu marido ou seu pai. Deverá analisar com calma sua situação, do mesmo modo que faz O Imperador, e planejar cuidadosamente as opções que tem. A carta de O Imperador aparecerá frequentemente numa leitura quando alguém lograr uma ascensão no trabalho, empreender novo trabalho com melhores perspectivas, ou também quando subir de categoria na assembleia de bruxas. Se, na sua situação atual é o dirigente de um grupo e seu papel é o de pacificador e de mediador é possível que esta carta represente o papel que desempenha. Também pode simbolizar sua liderança em uma dinâmica familiar ou em seu local de trabalho.

Palavras-chave: Cabeça de família ou dirigente de um grupo ou de assembleia de bruxas. Soberania, razão. Energia masculina, proteção. Uma pessoa responsável e equilibrada.

Deidades com as quais se associa: Osíris, Zeus, Júpiter, o Pai Divino.

Associação astrológica: Áries.

Invertida: Falta de disciplina, rejeição contra a autoridade, inferioridade, problemas com os pais.

V | O Sumo Sacerdote

O Sumo Sacerdote está sentado num banco de pedra do templo. É um velho Cavaleiro elegante, um dos Sábios. Traz uma rica túnica real, solta, de cor carmesim. Brilha orgulhosamente sobre o peito seu pentagrama de prata, um símbolo de poder mágico e proteção pessoal. A posição da mão direita (dois dedos para cima e dois dedos para baixo) e o bastão de madeira que sustém na mão esquerda são símbolos clássicos do tarô que representam o equilíbrio entre os mundos físico e espiritual. As três travessas do bastão correspondem com o mundo superior, com o mundo médio e o submundo.

Ao fundo, na imagem, vemos montanhas e um ambiente natural e frondoso. Em primeiro plano cai uma longa sombra. Duas grandes chaves mestras flutuam no ar diante do Sumo Sacerdote e simbolizam o divino feminino e o divino masculino, representados respectivamente pela lua da chave prateada e o sol da chave dourada. Um dos muitos nomes que são atribuídos a esta carta é O Hierofonte. O Sumo Sacerdote é uma autoridade, um conselheiro e o guardião das tradições e do conhecimento mágicos.

Significado

Ao aparecer em uma leitura, esta carta significa que se há de responder a perguntas e pedir conselho. Relaciona-se tradicionalmente à necessidade de assessoramento legal. Mesmo assim, pode indicar o começo de uma carreira, a continuidade da educação ou a necessidade de solucionar controvérsias em uma assembleia de bruxas. Lembre-se, porém, que o Sumo Sacerdote é um conselheiro sábio e paciente, um ancião e um mestre. Não lhe dá todas as respostas que procura, mas ajuda a ver para onde deve olhar para descobrir sua própria verdade. Fornece-lhe as chaves para abrir os mistérios e ganhar conhecimento mais profundo e confiar que encontrará por si mesmo as respostas, usando as lições que com tanto cuidado lhe ensinou.

Palavras-chave: Possíveis assuntos legais com que há que lidar. Assessoria, solução de controvérsias em uma assembleia de bruxas. Manter a tradição, preservar a sabedoria mágica. Entender os mistérios da bruxaria, sustentar a educação, descobrir sua verdade pessoal.

Deidades com as quais se associam: Hórus, Júpiter, Mitras, o Sábio.

Associação astrológica: Touro

Invertida: Receber conselho inadequado ou pouco confiável. Decisão precipitada ou esperar que os outros tomem as decisões por você.

VI | Os Amantes

Na imagem, um casal de jovens amantes partilha de um momento íntimo num belo jardim primaveril com árvores floridas, flores e um arroio. Atrás do casal e acima dela há um anjo que surgiu das nuvens e os observa. O sol ilumina o anjo alado e vai se aproximando e abençoando a união dos jovens com uma chuva de luz resplandecente. O anjo que representa a harmonia e as mensagens lembra-nos docemente de que o amor ilumina e cura.

O casal está a ponto de se beijar. O idílio salta à vista e, ao se beijarem, se dará início seu compromisso emocional e seus destinos ficarão entrelaçados para sempre. Muito rápido irão descobrir se escolheram bem.

A carta de "Os amantes" fala das decisões que tomamos e do amor. É uma maravilhosa representação do equilíbrio dos contrários e do poder da atração. Habitualmente, o homem simboliza a razão e a mulher, as emoções. Ela veste uma túnica de cor rosada, a cor do amor e das emoções ternas e alegres. Traz seis rosas em seu cabelo avermelhado, em referência ao número desta carta, que simboliza o equilíbrio dos contrários. As rosas, em particular, representam o amor romântico. Aos pés do casal há narcisos e jacintos em flor, que enriquecem o significado da carta, acrescentando-lhe a fascinação do cavalheirismo e do idílio em flor.

Significado

Os Amantes é uma carta de relações e decisões. Representa o poder do amor, o desejo, o destino, o romance e a atração. Celebra as dificuldades superadas para que os amantes possam estar juntos. O anjo desta carta dos Arcanos Maiores poderia nos parecer um casamenteiro, mas também poderia ser uma força protetora do casal. É, todavia, um símbolo do destino. Aqui está para nos mostrar que nossas escolhas podem afetar nosso futuro. O anjo adverte-nos a que escolhamos com sensatez.

Palavras-chave: Amor sexual, beleza, relação romântica. Escolha, compromisso. Decisões que há de tomar. A decisão que tome agora afetará seu futuro. O amor cura.

Deidades com as quais se associa: Eros e Psique, Ísis e Osíris.

Associação astrológica: Gêmeos.

Invertida: Problemas com as relações. Tomar decisões equivocadas. Ignorar problemas. Brigas e desavenças.

VII | O Carro

VII ✦ O Carro

Na cena, um auriga protegido com uma armadura está em pé no seu carro de ouro e prata, fazendo correr os cavalos pelos céus e através das nuvens. Ao fundo, vemos uma lua crescente, um firmamento estrelado e, sob o carro, o céu mais claro do alvorecer. No casco do animal há uma estrela de oito pontas. Trata-se da estrela Vênus, um símbolo de cura. Cruza-lhe a armadura uma banda dourada que ilumina os signos do Zodíaco. Com a mão esquerda o auriga alça uma vara de mago e com a direita ele parece conduzir os dois cavalos que levam o carro só por sua vontade, já que os equinos não trazem rédeas. Isto demonstra que tem controle do seu poder pessoal e da força mágica que presenciamos nesta imagem.

O Carro conta a história do herói que lutou ferozmente e venceu. Esta carta é a única do baralho em que há dois cavalos e seu simbolismo é importante, já que imitam as colunas da carta da Grande Sacerdotisa. À direita do auriga há um cavalo negro, que representa a noite, a magia lunar, o caos, o subconsciente e as energias femininas. O cavalo à sua esquerda, branco, simboliza o dia, a magia solar, a ordem, a mente consciente e as energias masculinas. Em vez de se deixar dominar por essas forças, o auriga dirige-as e usa de seus poderes para criar o resultado que deseja, conforme o vemos controlar o par de cavalos e mantê-los avançando juntos.

Significado

Esta carta fala de uma vitória que exigiu grande esforço. A carta do Carro trata da confiança em si mesmo, do controle, da motivação e da determinação em triunfar. Descubra seu próprio poder e verá cumprirem-se seus objetivos. Desaparecerão os obstáculos e as travas. Faça magia para o movimento e a mudança. Quando O Carro irrompe com seu estrondo numa leitura, diga-lhe que combine sua magia com a disciplina mental e a tenacidade. O poder surge de dentro. Creia em si mesmo – combine a determinação, a concentração e a força de vontade – e triunfará. Nos Arcanos Maiores, só o Carro, a

Grande Sacerdotisa e a Estrela têm os céus estrelados. Estas três cartas estão conectadas. As duas primeiras, ao aparecem em uma leitura, é um sinal de que se poderá lograr a vitória mediante a sabedoria. Se aparecem A Estrela e o Carro, a vitória trará cura emocional.

Palavras-chave: Força de vontade, ambição, concentração, impulso. Capacidade de liderança. Conecte com seu poder pessoal e verá manifestar-se a magia. Supere as adversidades e qualquer obstáculo em seu caminho. Não se renda, siga esforçando-se!

Deidades com as quais se associa: Apolo, Artemisa, Hélio.

Associação astrológica: Câncer.

Invertida: Não há força de vontade, nem impulso. Falta de concentração ou de ambição. Medo de se comprometer.

VIII | A força

Ao amanhecer, uma mulher de cabelos castanhos avermelhados está tranquilamente sentada com um grande leão ao seu lado. O leão é majestoso e inclina-se mansamente para a mulher. Ela, de modo sereno, sorri e é capaz de controlar o animal somente com sua atitude. A mulher está coroada com folhas verdes de carvalho que representam a força. Um lemniscata brilha sobre sua cabeça, mostrando que é um ser espiritual e mágico. Sua túnica é branca e vermelha, ambas as cores associam-se com a Deusa. Em torno do pescoço, ela porta oito rubis brilhantes, que fazem referência ao número da carta. A gargantilha é um símbolo importante, porque o rubi tem fama de produzir um estado mental de positividade e valentia. Uma guirlanda de abundantes rosas vermelhas, que simbolizam a harmonia e a beleza, cobre o leão e a mulher, unindo-os. E faz-nos perguntar quem tem a força nesta carta. Ela, com sua força serena, seu poder e sua capacidade de desfrutar da situação? Ou o animal, por ser tão forte como para aplacar seus impulsos mais selvagens, ter autocontrole e permitir-se gozar da experiência?

Significado

Os temas desta carta são força suave, serenidade, fortaleza e força interior. Quando aparece em uma leitura, supõe uma lembrança de que não é necessário recorrer à força bruta nas circunstâncias atuais; não obstante, devamos, sim, fazer uso inteligente da força interior, do autocontrole, da determinação e da força de caráter. Há ocasiões em que a ação mais poderosa que podemos realizar é ter autoconfiança e sermos capazes de superar com tranquilidade e determinação qualquer dificuldade, cuidadosamente, e com domínio absoluto de nós mesmos.

Palavras-chave: Força de caráter, força interior. Freio. Autocontrole. Segurança. Determinação.

Deidades com as quais se associa: Apolo e Hélio.

Associação astrológica: Leo.

Invertida: Sentimento de incapacidade, inibição, medo, dúvida, insegurança para lidar com problemas.

IX | O Ermitão

Um velho mago sábio está buscando uma visão. Talvez seja Merlin. Afastou-se, partiu sozinho e impôs a si mesmo a prova de desvelar os mistérios. Veste uma capa clássica de mago adornada com luas e estrelas, mas é velha, descolorida e ligeiramente desfiada nas pontas, o que nos mostra que está viajando há muito tempo. Às suas costas, sob um céu crepuscular, há uma montanha coberta de neve, como símbolo da sua separação do resto do mundo. O Ermitão usa seu cavalo para ajudar a percorrer o caminho. Na mão direita sustém no alto uma velha lâmpada de metal com uma brilhante estrela de seis pontas no seu interior que lhe ilumina o caminho. A estrela de seis pontas simboliza o equilíbrio entre as energias masculinas e femininas e nos recorda que devemos buscar nossa verdade espiritual tanto dentro quanto fora de nós. A estrela representa a sabedoria que todos trazemos dentro de nós. Quando a deixamos brilhar, podem suceder coisas maravilhosas. Quando fortes, podemos chegar até o cume da montanha, alcançar o conhecimento e ver a luz desta sabedoria com nossos próprios olhos. O Ermitão adquire experiência com as penalidades e provas pelas quais passa e nos lembra de que podemos fazer o mesmo. Podemos alcançar o conhecimento, a inspiração e a iluminação.

Significado

A carta do Ermitão fala da importância de um tempo de descanso, ficar a sós e olhar dentro de si. Ao aparecer em uma leitura, é sinal de que tem de fazer uma pausa em sua vida para descansar e recuperar-se. Este é o momento para buscar sua visão, para a reflexão, a intuição, a meditação e o crescimento pessoal. É o momento para realizar sua magia em solitário, ainda que seja membro de uma assembleia de bruxas. Creia em si e em suas intuições e reserve um tempo para ver onde o levam. Deixe que sua magia ilumine o caminho, independentemente das dificuldades enfrentadas.

Palavras-chave: Reflexão, meditação, intuição. Dar um tempo para seu grupo ou assembleia de bruxas. Trabalho solitário, passar tempos a sós na natureza, iluminar-se.

Deidades com as quais se associa: Hermes, o Viajante, Saturno.

Associação astrológica: Virgem.

Invertida: Sentir-se isolado ou incapaz de fazer frente aos problemas sem ajuda. Solidão. É o momento de buscar novo grupo ou assembleia.

Os Arcanos Maiores | 53

X | A Roda do ano

Um pentagrama prateado e lunar é rodeado por A Roda do Ano, dourada e solar, com seus oito raios. Ao fundo vemos um céu azul brilhante e nuvens suaves. Esta carta evoca a magia e o mistério da Roda do Ano: os oito sabbats e as quatro estações e ciclos da natureza.

As quatro estações e seus correspondentes naipes do tarô aparecem juntos. O elemento terra vem representado pelo pentáculo e o Solstício de Inverno, pelo acebo, a clássica planta da Natividade. No uso mágico das plantas empregam-se para a boa sorte e a proteção. Na parte inferior direita da imagem vemos as flores rosadas da cereja que representam o Equinócio da Primavera junto com a espada, ambos associados com o elemento ar. As flores da cereja, uma típica árvore que floresce na Primavera, indicam nobreza e cavalheirismo. Na parte inferior, esquerda da imagem há folhas verdes brilhantes de carvalho, que simbolizam o Solstício do Verão e a vara de espinho florida de nosso baralho, que encaixam a perfeição com o elemento fogo. Aqui, a frondosidade do carvalho no início do Verão representa a saúde, a sabedoria, a virtude e uma longa vida. Por último, na parte superior esquerda do baralho vemos uma encantadora mescla de belas folhas alaranjadas de bordo no Outono, combinando com bolotas da colheita. O naipe de copas está alinhado com a estação do Outono, ligado ao elemento água. As folhas de bordo simbolizam a elegância, a beleza e a energia, enquanto que as bolotas bridam prosperidade e sabedoria.

Significado

Esta carta simboliza a magia das quatro estações e as energias da Roda do Ano. Quando aparece na leitura é para decidir que trabalhe com as energias e os ciclos da natureza e não contra eles. Isto significa descanso e introspecção no Inverno, novos começos e crescimento e oportunidades na Primavera, energia, emoção, generosidade e vigor no Verão e abundância e recordações para que no Outono esteja preparado, se recolha e se lembre. Espere mudanças porque tudo na vida está sempre se transformando e crescendo. Esta carta costuma representar a boa sorte, a oportunidade e o incidente fortuito.

Palavras-chave: A Roda do Ano; celebra os sabbats e os esbats. Boa sorte. Trabalhar com as energias e a magia de cada estação.

Deidades com as quais se associa: Fortuna e Arianrod.

Associação astrológica: Júpiter.

Invertida: Um período de má sorte. Sentir-se desconectado das estações e ritmos da natureza. Transtorno anímico estacional (depressão de inverno).

XI | A Justiça

A deusa grega da justiça, Têmis, está sentada no seu templo. Observa-o fixamente com um olhar direto e pensativo, enquanto sustenta uma espada de fio duplo na mão direita. A espada indica a necessidade de conservar o equilíbrio, inclusive, recorrendo à força. Na mão direita, Têmis sustenta uma balança, igualmente equilibrada. As esmeraldas da sua coroa e o broche de esmeraldas preso em sua capa promovem a estabilidade emocional e fomentam a sabedoria. Ninguém pode ver através da cortina fixa que há em suas costas, como se ocultasse os mistérios do funcionamento interno do universo.

Esta é a carta central das vinte e duas que constituem os Arcanos Maiores, já que a justiça está no centro de nossas vidas e assegura-nos um resultado imparcial. Têmis trata tudo com integridade e profundo respeito, ao ser, na essência, uma força neutra. A Justiça recorda-nos a lei do carma e a lei de causa e efeito. O que fizemos no passado e o que fazemos agora no presente afetará nosso futuro.

A carta da Justiça mostra-nos o equilíbrio e a equanimidade. Chegou o momento de sopesar suas opções e avaliar como está atuando em sua vida. As rudbeckias bicoloridas que crescem nos suportes dos vasos são, na linguagem das flores, um elegante símbolo da justiça. Esta carta está conectada à Grande Sacerdotisa e ao Carma. Como rudbeckias, a Justiça é uma força neutra, e seus laços com a Grande Sacerdotisa recordam-nos que, ao final, sempre se impõe o Carma.

Significado

Quando a carta de A Justiça aparece em uma leitura, tem que se perguntar onde há o desequilíbrio e que tipo de justiça está buscando. O que lhe parece injusto em sua vida? Que ações você realizou para chegar à situação em que se encontra? Esta carta pode representar assuntos legais e um possível juízo. Indica que o jogo limpo, a honestidade, a harmonia e o equilíbrio serão revelados em breve. Os problemas serão automaticamente solucionados, por si sós. Tenha confiança e deixe os deuses se encarregarem de fazer a justiça.

Palavras-chave: Justiça, assuntos legais, resultado justo num juízo. Causa e efeito. Deixar que os deuses decidam o resultado. Honestidade, equilíbrio, integridade e igualdade.

Deidades com as quais se associa: Atenas, Maat, Têmis.

Associação astrológica: Libra.

Invertida: Prejuízo, injustiça, atrasos, resultados injustos.

XII | O Enforcado

Um jovem de semblante sereno, de cabeça para abaixo, está suspenso pelo pé direito apenas por um freixo. Encontra-se num estado de transição ou atravessando algum tipo de iniciação. O halo que rodeia o rosto de O Enforcado mostra-nos que está numa epifania. O céu aprazível do fundo desta carta diz que no momento não há o que temer. Deve desprender-se de algo velho e prejudicial a fim de alcançar a sabedoria. Desfrute desta perspectiva nova e deste parêntese em sua vida e verá o que descobre.

Na tradição do paganismo nórdico, a árvore do mundo, Yggdrasil, sustenta a totalidade do universo. O corvo é um totem do deus Udim e simboliza a iniciação, os segredos e a profecia. O mesmo que Udim pendurado na árvore do mundo para conseguir o conhecimento das runas, também O Enforcado encontra suas respostas no freixo durante esta fase de transição da sua vida.

O corvo sustenta um reluzente pentagrama dourado no bico e do alto olha o Enforcado como a lhe perguntar o que faz ali. Talvez seja esse seu animal totêmico, que lhe faz companhia neste estado de transição. Os corvos são aves mágicas, inteligentes e brincalhonas. São atraídos pelos objetos reluzentes e brilhantes, que ocultam em esconderijos. As cores clássicas: vermelho, verde, amarelo e azul falam-nos do equilíbrio entre os quatro elementos naturais e estas são as cores da indumentária de O Enforcado. As runas bordadas no pescoço de sua camisa e as que decoram o tronco do freixo enlaçam com Odim, com a árvore do mundo e com a sabedoria que há nele.

Significado

Em uma leitura, esta carta indica mensagem que nos convida a ver as coisas a partir de outra perspectiva. Aceite a ideia da iniciação como veículo à sabedoria e a uma senda espiritual mais clara. Desprenda-se da ilusão do controle, ponha-o todo ao revés e olhe com atenção a lição que tem diante de si. Relaxe e seja paciente; talvez não seja fácil, mas lutar contra as mudanças da sua vida só traz mais problemas. Leia os símbolos com atenção, sejam cartas de tarô ou runas. Medite sobre as lições que guardam, enquanto se permite atravessar esta fase de transição ou iniciação com serenidade e alegria. Ao fazê-lo desvendará os mistérios.

Palavras-chave: Iniciação, fase de transição da vida. Relaxe e deixe que venham as mudanças. Nova perspectiva de vida, magia das runas, olhar as circunstâncias atuais a partir de novo ponto de vista.

Deidades com as quais se associa: Odim.

Associação astrológica: Netuno.

Invertida: Estar estagnado, não ser capaz de avançar.

XIII | A Morte

A carta da Morte é uma das que se presta a maiores mal-entendidos no baralho do tarô. Quase nunca simboliza a morte física, mas antes, o que anuncia é uma mudança radical na vida do consulente. Nesta carta, a caveira de A Morte está iluminada por um fogo que cega. A caveira é um símbolo da mortalidade e o assento da mente. As chamas em amarelo-esverdeada representam a energia e o poder da mente.

A armadura de A Morte é escura e desgastada; seu cavalo branco tem os olhos cintilantes e uma rédea com adornos de caveiras e tíbias cruzadas. A Morte porta um estandarte que anuncia a transformação, enfeitado com o número treze (o número de luas cheias que há num ano) e com uma flor, uma rosa branca de cinco pétalas, que simboliza os ciclos naturais da vida. O brilhante céu vermelho do entardecer, ao fundo, corresponde com o fim do dia e com o fim de um dos capítulos de sua vida.

Há uma criança de pé diante de A Morte com a oferenda de um ramo de margaridas brancas, unidas por cintos, com as cores da Tripla Deusa: branco, vermelho e negro. Na linguagem das flores, as margaridas brancas simbolizam a inocência. É importante que se fixe que a criança olha para cima e está em frente da "A Morte" enquanto levanta as flores. Está feliz, confiante e não tem medo deste Cavaleiro; celebra a mudança. A criança representa a esperança.

Significado

A carta simboliza a mudança. Para que algo novo cresça, há que se desprender do velho. Aparece com frequência nas leituras para as grávidas, o que faz sentido. Pense: seu modo de viver vai mudar para sempre. Suas vidas estão a ponto de se transformar em algo distinto, novo e emocionante. A carta ainda simboliza também outros finais e princípios importantes de sua vida: nascimento, matrimônio, novo trabalho, ingresso na universidade, mudança etc. Na essência, um modo de vida desaparece para dar espaço a novo princípio e a novas oportunidades.

Palavras-chave: Transformação, mudança. Finais e princípios. Ciclos da natureza e da vida.

Deidades com as quais se associa: Hades, Plutão, Hel.

Associação astrológica: Escorpião.

Invertida: Ajuste traumático, atraso, mudança difícil.

XIV | A Temperança

De pé junto à margem da água, Íris, a deusa grega do arco-íris, olha à frente, com as asas douradas estendidas. Sua impoluta túnica branca tem um triângulo dourado no corpete, que significa equilíbrio e criatividade. A túnica cai solta sobre sua figura e um dos seus pés está na terra, enquanto o outro toca a água. Não está nem na terra, nem na água, mas, num lugar encantado entre ambos os mundos: um lugar intermediário.

Em cada mão Íris sustém um cálice distinto e vai passando tranquilamente a água de um a outro. A água flutua magicamente no ar, antes de terminar no cálice debaixo. Trata-se de uma transformação alquímica. A deusa está misturando o líquido dos cálices para chegar à mescla ou equilíbrio adequados. Atrás de Íris, as nuvens abriram-se no céu e aparece um arco-íris que representa a esperança, a magia, os milagres. Ao seu redor, no verde ribeirão, crescem flores de íris de várias cores. Estas encantadoras flores simbolizam "uma mensagem eloquente", que se ajusta à deusa mensageira de quem tomaram o nome.

Significado

A carta de A Temperança aparece em uma leitura quando é o momento de ser comedido, de mostrar algo mais do tato que do costume e de usar da moderação. Esta carta dos Arcanos Maiores representa a mescla de distintos elementos mágicos para criar algo novo, o mesmo que a chuva e o sol criam um arco-íris. Também simboliza a alquimia pessoal de uma transformação espiritual. Agora é o momento de trabalhar para curar seu ser espiritual, para descobrir o equilíbrio apropriado, ou "fluxo", na sua magia e na sua vida. Fiquem atentos às mensagens dos deuses.

Palavras-chave: Alquimia. Restaurar o equilíbrio. Moderação, freio e tato. Encontrar seu equilíbrio, estar atento às mensagens divinas e trabalhar em sua cura e transformação espirituais.

Deidades com as quais se associa: Íris, Hebe.

Associação astrológica: Sagitário.

Invertida: Ações e comportamento desequilibrado.

Os Arcanos Maiores | 67

XV | A Sombra

A sombra substitui a tradicional carta de O Diabo – as bruxas não se identificam com essa figura. A Sombra mostra o que acontece quando deixa que o medo e o pânico se apoderem de você. Na carta se vê um casal assustado, tentando escapar de uma escura figura tenebrosa. Estão sós em um bosque sinistro. Claramente, o medo domina-os. As roupas do homem e da mulher são escuras e lúgubres, representando sua desdita por se encontrarem em um lugar escuro de suas vidas. A postura e as expressões de ambos transmitem o seu medo, e nos mostram que sem que se dar conta, o casal cedeu seu poder a alguém ou algo. Correr e esconder-se da criatura tenebrosa não ajuda, nem tampouco faz encontrar algum consolo. Em vez disso, deve-se voltar para ela, enfrentar seus medos e não deixar que situações ou pessoas assustem, intimidem ou lhed façam se sentir mal.

Todos nós, de tempos em tempos, nos encontramos em momentos de obscuridade em nossas vidas. A pergunta é: Quando isso acontecer, estarei à altura das circunstâncias para vencer os meus medos? Enfrentarei os que me desafiam e tornarei difíceis as situações, ou chorarei e me preocuparei? Enfrente seus adversários e lute com honra e integridade e derrotará os que o desafiam.

Significado

A carta simboliza que está desejando que alguém ou alguma situação tenha poder sobre si. Esse antigo companheiro da assembleia de bruxas que se envolveu montando um espetáculo; esse cunhado ou sua sogra ou o que não pode aguentar o seu chefe, que nunca está satisfeito com seu trabalho, qualquer pessoa que somente com sua presença estraga o seu dia. Porque você permite. Rompa essas cadeias e deixe as sombras para trás! Deixe de lhes dar o seu poder e seja forte. O importante é lembrar que pode se liberar da sua reação quando quiser. Chegou o momento de aceitar essa sombra da sua personalidade e encarar seus medos. Tome conta do que está lhe dominando.

Palavras-chave: Deixar que outra pessoa tenha poder sobre suas reações. Defender-se da magia negativa. Conquistar o medo para sair vitorioso.

Deidades com as quais se associa: Pan, o Deus Cornudo, Veles.

Associação astrológica: Capricórnio.

Invertida: Opressão, ilusões, argúcias, engano.

XVI | A Torre

A carta de A Torre fala-nos de uma revelação extraordinária ou de uma mudança repentina de planos. Na imagem, sobre um elevado penhasco se alça uma torre rodeada por um céu tormentoso e escuro. Um raio serpenteia desde enormes nuvens e golpeia a torre, derrubando a coroa que a cobria. Veem-se chamas no interior, um fogo que purifica e transforma. Duas figuras caem da Torre, de cabeça. Isto significa que perderam totalmente o controle da situação.

A Torre simboliza nossas ambições, enquanto que a coroa com rubis engastados representa o ego. Nas tradições mágicas, usam-se os rubis para elevar a consciência. O relâmpago da cena indica que agora há um momento de inspiração, e que a brilhante luz da verdade aclarará qualquer situação duvidosa. Os obstáculos, finalmente, estão sendo vencidos e se abrirá passagem através da energia negativa. Uma transformação está em processo. Neste momento uma reavaliação faz-se necessária. As circunstâncias obrigam-no a sair do mundo cômodo e protetor em que vivia e a lidar com o que vier.

Significado

A carta de A Torre fala de uma revelação surpreendente ou de um incidente que muda por completo o modo como vê a si e as pessoas no entorno. Não se trata de algo negativo. Agora que toda essa pressão acumulada saiu da torre, o fogo a purificará e a transformará por dentro. Desvelam-se segredos impactantes; para o ego pode ser um duro golpe, sobreviverá à queda. A mudança aproxima-se e vai ser radical. Os bloqueios ou obstáculos espirituais tendem a desaparecer. A partir desse momento, o que puder aprender ao longo da vida lhe será de grande valia.

Palavras-chave: Mudança de planos, revelação de segredos. Comoção. Um golpe para o ego. Situações que chegam a um ponto crítico. Reavaliação. Mudança radical. Eliminam-se os obstáculos da sua senda espiritual.

Deidades com as quais se associa: Marte, Tor, Zéus.

Associação astrológica: Marte.

Invertida: Pelejas, traumas, frustração, destruição.

XVII | A Estrela

A deusa Estrela está despida na praia. Um dos seus pés permanece na terra, o outro na água. Também estende os braços sobre a terra e sobre a água. Em cada mão sustenta uma simples jarra de cerâmica. Um jorro de água cai na terra, representando a cura física, enquanto que o da terra volta a cair na água, simbolizando a cura espiritual. Uma grande estrela brilha no céu noturno, rodeada por outras sete menores, cada uma delas com oito raios brilhantes. A estrela de oito raios é um símbolo de cura e um distintivo da deusa Vênus, que dá nome às luzes da aurora. As estrelas brilhantes que aparecem na carta dizem-lhe que persiga seus sonhos, que trabalhe com a maré e a energia serena das estrelas, e que seus desejos se tornarão realidade desta vez. Na orla e em torno da deusa crescem miosótis azuis. Os miosótis são flores sagradas, também para a deusa Vênus e representam a esperança e o amor.

Nesta imagem, como sucede com a carta de A Temperança, a deusa Estrela está atuando em ambos os mundos. Estar "em meio" é achar-se num dos lugares mais mágicos. O íbis sagrado, pousado sobre o lenho, na orla, representa Tot, o deus egípcio da sabedoria e da ciência divinas. Tot foi o inventor da astronomia e se lhe considera o patrono das artes mágicas.

Significado

A Estrela simboliza a esperança, a paz interior, a criatividade e a cura. Quando esta bela e plácida carta aparece na leitura, é sinal de que a cura física e emocional vai ocorrer rapidamente. Mantenha a esperança, persiga seus sonhos e seus desejos lhe serão concedidos. Esta carta fala de inspiração: sua criatividade fluirá com mais soltura do que nunca. Deixe-a que se faça repleta e verá onde a leva. A Estrela representa a magia mais suave e delicada e indica que poderá usar seus dotes intuitivos com êxito. Além do mais, para realizar qualquer atividade mágica, nestes momentos, resulta imprescindível levar em conta o ritmo astrológico.

Palavras-chave: Cura, inspiração, intuição, renovação. Esperança, paz, desejos concedidos. Magia astrológica. Sabedoria. A criatividade flui.

Deidades com as quais se associa: Deusa Estrela, Astrea, Vênus, Ísis, Ishtar, Nut e Tot.

Associação astrológica: Aquário.

Invertida: Pessimismo, atraso, dúvida, bloqueio espiritual.

XVIII | A Lua

Hécate, a feiticeira, está no meio de uma encruzilhada, rodeada pela neblina, sustentando no alto uma tocha. A brisa agita seu cabelo prateado e na garganta traz um colar com a Roda de Hécate. De sua cintura pendem três chaves mestras e um pentáculo. Hécate Trivia, "a deusa das três sendas" ou a deusa das encruzilhadas, domina sobre a terra o céu e o mar. Podia aparecer sob diferentes aparências: formosa donzela, matrona ou feiticeira e guia, como nesta carta. A feiticeira é uma mulher poderosa, que adquiriu grande conhecimento em sua vida, que caminha com sabedoria e que leva o tempo maravilhosamente.

O trio de lobos, companheiros de Hécate, representa nosso lado mais selvagem. Ela sempre vem acompanhada de caninos, tão selvagens como domésticos. Os dois salgueiros correspondem ao elemento água e à magia lunar.

Hécate mostra-nos que há mais para ver do que em princípio poderíamos imaginar, como uma feiticeira que, em vez de macilenta e amarelada, é bela. A magia está em toda parte, inclusive nos lugares mais insuspeitos. Olhe com muita atenção. O que lhe revelarão Hécate e a luz da lua?

Significado

Esta é a carta da Deusa Feiticeira, a magia da lua minguante, a intuição e as falácias. Também pode representar desenvolvimento dos poderes psíquicos. Quando aparece numa leitura, revela que pessoas e situações não são sempre o que parecem. A luz da lua pode resultar enganosa. O que parece de um modo durante o dia, pode ter um aspecto completamente distinto sob a cambiante luz da lua. É preciso olhar com muita atenção ao que está vendo. Invoque seus guias, seus totens e a Hécate para ver mais além da neblina e reconhecer a verdade. Use seus dotes psíquicos e confie em sua intuição. Agora, pode fazer magia com Hécate para ver mais além de qualquer ilusão e para alcançar os dons da clarividência, da sabedoria e da proteção.

Palavras-chave: A Deusa como feiticeira. Magia da lua minguante, magia protetora, ver o que outros tratam de manter oculto. Intuição e desenvolvimento dos poderes psíquicos. Sabedoria só se conquista pelos muitos anos de experiência vital.

Deidades com as quais se associa:: A Deusa Feiticeira, Hécate Trivia.

Associação astrológica: Peixes.

Invertida: Confusão, desengano, falsidade, ansiedade, medo.

XIX | O Sol

Uma criança ruiva vai montada a cavalo por um campo de belíssimos girassóis. Sobre ela, nuvens brancas iluminadas pelo sol brilhante, que resplandece num céu azul de Verão. É o ponto crucial da temporada das colheitas e um dia de poder: o Solstício de Verão. A criança representada nas cartas é doce, sorridente, feliz e sente que está vivendo uma aventura. Encarna a emoção, o entusiasmo e a alegria. Se prestar atenção, ouvirá como o chama para que o acompanhe em sua aventura. É o divino Menino Sol.

Os girassóis, de forma natural, viram a face para o sol durante o dia, e na linguagem das flores simbolizam a fama, o êxito e o apreço dos demais. Em muitas mitologias, os cavalos brancos representam o amanhecer, a vida, a luz e a iluminação. Além disso, estão ligados à magia e ao território das fadas. O cavalo branco, a criança ruiva e os girassóis são todos símbolos solares clássicos. Este Arcano Maior também está associado ao poder pessoal e à celebração dos Equinócios e dos Solstícios.

Significado

Esta é uma das cartas mais afortunadas do baralho do tarô. O Sol traz bons presságios, boa sorte, sucesso, criatividade e grandes avanços. Baile sob a luz do sol e pratique a magia solar. O êxito lhe pertence; espere tempos mais felizes, boa saúde, energia e vitalidade. Conquista da plenitude espiritual. Desfrutará de bons momentos com seus amigos mais queridos que estão a ponto de chegar à sua vida; acontecimentos e celebrações mágicas. Seu poder pessoal está em seu zênite. Concentre esse magnetismo para ver até onde o leva. Tudo está chegando a seu favor. Agarre-se e desfrute da viagem!

Palavras-chave: Sucesso, poder pessoal, bons momentos, acontecimentos felizes. Amizade, vitalidade, alegria, entusiasmo. Fama, crescimento, êxito, felicidade. Magia solar. Os Solstícios e os Equinócios.

Deidades com as quais se associa: A Criança Sol, Apolo, Brigit, Hélio e Sunna.

Associação astrológica: Sol.

Invertida: Necessidade de regressar à realidade. Competição. As exigências de ser famoso.

XX | O Karma

Na imagem, três pessoas uniram suas mãos e as alçam, celebrando o momento em que culmina o eclipse solar. São uma família – uma mulher, um homem no centro e seu filho – que se reuniu para celebrar o eclipse. Estão diante de um círculo mágico em que algumas tochas iluminam a área cerimonial. O trio veste túnicas rituais com faixas de cor roxa. O roxo é uma cor poderosa, espiritual e ao mesmo tempo intuitiva, uma boa escolha para esta carta. Distante, há um campo verde e montanhas, um símbolo clássico desta carta, que provavelmente represente pensamentos abstratos. A luz é estranha, como se, devido ao eclipse que se está produzindo, fosse de dia ou de noite, ao mesmo tempo.

O eclipse lembra-nos de que estão atuando aqui forças que são maiores do que você. Tradicionalmente, o eclipse solar total é um símbolo dos milagres e da magia, assim também uma recordação fascinante de que a divindade está presente em sua vida cotidiana. Tudo se sucede por algo. Aceite seu passado e indague quais lições aprendeu em suas experiências. Assim poderá atuar dignamente com mais compreensão.

Significado

A carta de "O Karma" mostra-nos que se há de respeitar os ciclos e a mudança e que tudo sucede por algum motivo. Aceite as mudanças que se reproduzem em sua vida e supere-se com elas. As forças espirituais estão atuando. O momento de tomar uma decisão importante chegou. O que escolher hoje dará forma ao seu amanhã; leve em conta que é você quem cria seu próprio carma. Por isso, deve tomar consciência do nível espiritual dos seus atos e também de sua magia. O carma termina sempre, impondo-se. Esforce-se conscientemente para operar uma transformação positiva.

Palavras-chave: Fazer uma mudança positiva para criar seu futuro. Renovação. Ser mais consciente em nível espiritual e mágico. Carma e destino. Reflexão sobre as situações do passado. Resultado de suas ações passadas.

Deidades com as quais se associa: Hórus.

Associação astrológica: Plutão.

Invertida: Decisões equivocadas, arrependimento. Sentir as desfortunadas consequências da regra mágica de três! Você recebe o que dá.[1]

---

1. Qualquer energia que alguém projete, seja positiva ou negativa, lhe volta em dobro.

XXI | O Mundo

A carta de O Mundo simboliza o final da viagem de O Louco; é a culminação de todas as cartas que vêm antes dela. Passou por todos os Mistérios do Arcanjo Maior e seu percurso terminou. O Louco aparece no canto superior esquerdo da imagem. Agora que completou sua viagem mágica está mais velho e mais sábio. Nos outros três cantos da imagem encontram-se representações dos dons que recebeu enquanto realizava sua viagem. No canto superior direito da carta uma águia dourada sulca os céus, representando os dons da inteligência, o valor e a confiança em si mesmo. Abaixo, no canto direito, vê-se um leão adulto que simboliza os dons da força, a paixão e o renascimento com que agora conta O Louco. No canto inferior esquerdo, mostra-se a nós um poderoso veado, símbolo do orgulho, do aprumo e da integridade. O Louco, mais velho e com mais sabedoria, pode agora usar facilmente de todas essas qualidades, tanto na sua magia quanto na sua vida cotidiana.

O homem Verde do centro da carta de O Mundo nos sorri com o rosto rodeado de folhas e ramos coroando sua cabeça, uma piscada aos chifres do Deus Cornudo da natureza. Para as bruxas, o Homem Verde é uma representação bela e evocativa, ou um arquétipo dos assombrosos poderes e da magia do mundo natural. Trata-se de uma representação perfeita para pôr um ponto final às cartas dos Arcanos Maiores, já que, tanto o Homem Verde quanto a carta de O Mundo são símbolos de renascimento e regeneração.

Significado

Em uma tiragem, esta carta indica aquisição de conhecimento. Pode-se desfrutar de uma sensação de liberdade e de harmonia. Agora se poderá fazer um bom uso do conhecimento, da força e inclusive da compreensão espiritual, recentemente adquirida. Também simboliza a finalização de um projeto, com êxito; um renascer pessoal ou conexões espirituais fortes e sãs entre os membros de seu grupo ou de sua assembleia de bruxas.

Palavras-chave: Renascimento, integridade, finalização, alegria. Vitória e sucesso. O final satisfatório de uma viagem. A magia e o maravilhoso do mundo natural. Conexões espirituais entre as pessoas.

Deidades com as quais se associa: O Homem Verde, Gaia.

Associação astrológica: Saturno.

Invertida: Atraso na finalização de um projeto. Problemas recorrentes. Indiferença à magia do mundo natural.

Os Arcanos Menores

*No tarô como na magia,
os quatro emblemas
representam o mundo mesmo
e a natureza humana.*

Rachel Pollack

Os Arcanos Menores consistem em quatro naipes diferentes: Copas, Espadas, Paus e Pentáculos. Cada um deles alinha-se com um dos elementos naturais, ainda que muitos leitores do tarô se esqueçam desse detalhe. Neste baralho, os elementos são predominantes e afetam a situação de cada carta.

Nos Arcanos Menores e dentro de cada um dos quatro naipes há dois conjuntos diferentes de carta. Por um lado, temos as cartas numeradas, desde o Ás até o Dez. Por outro, as cartas da Corte: o Pajem, o Cavaleiro, a Rainha e o Rei. No baralho do *Tarô das Bruxas*, cada uma das cartas da corte traz uma mensagem pessoal cativante, uma direção ou uma lição, de modo que devem ser lidas com atenção. Considera-se que os Paus ou as Espadas portam energias masculinas, derivadas dos elementos que as regem, respectivamente o fogo e o ar. Trata-se de naipes ativos, enquanto que as Copas e os Pentáculos, regidos pela água e pela terra, são femininos e passivos.

É, igualmente, interessante levar em conta que nas leituras os Pentáculos (terra) e os Paus (fogo) representam atividades físicas, enquanto que as Copas (água) e as Espadas (ar) simbolizam as emoções. Cada elemento simboliza não apenas um tipo de experiência, mas um modo de afrontar os desafios da vida.

Os baralhos modernos baseados no *Tarô Rider-Waite Smith* seguem o modelo da Ordem do Amanhecer Dourado, assim como estes. Significa que se atribui o elemento ar às Espadas e o elemento fogo aos Paus. Ainda que às bruxas de hoje em dia possa parecer que está ao revés, trata-se de uma linha imaginária clássica. Gostaria que as cartas deste baralho tivessem um ar de bruxas com imagens e significados facilmente reconhecíveis para evitar a confusão. Deste modo, poderia fluir mais facilmente a leitura. Concordará comigo que à medida que se faz uma leitura é muito ruim fazer uma pausa, olhar uma carta e perguntar: "Espera. Que carta era esta? " Ou pior, perder o tempo ou interromper o fluxo da leitura, enquanto repassa na memória, buscando uma imagem mais conhecida ou clássica da carta para se relacionar à definição do baralho que está sendo usado.

Para terminar, os Arcanos Menores, as Cartas Numeradas e as da Corte mostram-nos as situações e pessoas com que nos encontramos ou as que nos afrontamos e trazem luz às perguntas habituais que lhe fazemos.

Copas

*A copa encantada da vida
brilha junto à margem.*

Lord Byron

O naipe de Copas simboliza o elemento água e todas as associações mágicas que surgem deste elemento, como as capacidades psíquicas, o amor e as emoções. As copas atravessam uma senda que leva à compreensão por meio do amor, da inspiração e da imaginação. O naipe representa o poder das emoções, a amizade, a família, o amor e as relações. Analisa como estamos conectados uns aos outros. É um canto ao elemento água em toda a sua enorme variedade de formas: desde os céus nublados ou chuvosos até tanques, fontes, serenos lagos, rios e arroios, cascatas, belíssimas praias e mares melancólicos. Além disso, conheceremos algumas das criaturas mágicas que habitam nela. Os seres elementais, associados às copas e à água, são as sereias, que aparecem nestas cartas. Também, a estas cartas, estão representadas algumas das criaturas que correspondem ao elemento água: preste atenção aos golfinhos e a um peixe que guarda um segredo.

Nas imagens das cartas, igualmente, estão incorporaradas plantas, árvores, flores e sua magia respectiva – todas associadas ao elemento água: nenúfares, dedaleiras, íris, violetas, amores-perfeitos e rosas, assim também uma abóbora lunar e um salgueiro. Cada uma das suas mensagens vem explicada no significado individual das cartas.

O naipe de Copas corresponde aos nascidos sob um símbolo zodiacal de água: Câncer, Escorpião e Peixes. Fisicamente, as figuras da Corte são representadas por pessoas de cabelo castanho-claro ou ruivo e olhos azuis ou verdes. Além do mais, os indivíduos que se sentem atraídos pelas Copas costumam ser românticos, sensíveis, empáticos, com poderes psíquicos. Normalmente, se deixam arrastar por suas emoções. São os sonhadores e místicos do mundo.

Ás de Copas

Sobre a trêmula superfície de um lago em que se refletem laivos do amanhecer, flutua o Ás de Copas. A copa prateada, com seu desenho estilizado de vieira, está rodeada pelas flores abertas e rosadas do nenúfar e suas verdes folhas flutuantes. A água transborda dele em quatro jorros (um para cada direção e elemento) que se derramam pela borda da copa prateada e caem no lago, devolvendo a água à sua origem. No fundo, de acordo com a imagem, o sol eleva-se acima da copa, delineando o nascimento de novo dia. Esta carta concentra-se no elemento feminino da água. A Copa, ou cálice, foi desde sempre um símbolo consagrado do Divino Feminino. Considera-se o útero de que surge toda a vida. Este Ás em concreto é um bom auspício para as relações pessoais, já que este naipe tem a ver com o amor e as emoções. O Ás de copas também simboliza as oportunidades que chegam como "caídas do céu", assim como o crescimento emocional e os dons que ele desenvolve. Indica-nos que é este o momento de novos projetos criativos, inspiração divina, novo amor ou nova vida – esquecimento e recomeço.

Significado

O Ás de Copas é a forma mais pura e potente do elemento feminino da água. Quando aparece numa leitura fala de nascimento, crescimento, amor e clarividência. Aparece com frequência quando se está a ponto de anunciar ou confirmar uma gravidez. Não obstante, o Ás de Copas não trata apenas do nascimento físico. Simboliza bodas, matrimônio, relações saudáveis e uma família amorosa. Também pode ser um símbolo de crescimento emocional e cura. Lembre-se de que o elemento água associa-se aos poderes psíquicos, à criatividade, imaginação e à plenitude espiritual e emocional. Observe a superfície desta transbordante Copa prateada... Que novas maravilhas estão a ponto de nascer em seu mundo?

Palavras-chave: Nascimento, bodas, boas notícias e celebrações. Amor e relações. Recomeço. Poderes psíquicos, criatividade e cura. O elemento água.

Invertida: Egoísmo. Seu ego interpõe-se no caminho para o seu êxito.

Dois de Copas

Um homem e uma mulher diante de um formoso lago de águas tranquilas e brilhantes. Estão um frente ao outro, sorriem, felizes. A túnica da mulher é azul-marinho com mangas largas e soltas. A roupa do homem tem tonalidades aquosas azuis e verdes, evocando o elemento água que rege a carta. Com as mãos que aparecem em primeiro plano, alçam suas copas prateadas e brindam. As duas mãos posteriores estão unidas pelos pulsos com um cordel dourado que simboliza seus esponsais. No ponto em que se tocam as bordas das copas prateadas há um brilho, um fulgor resplandecente.

Ambos têm uma grinalda ou coroa de flores nos cabelos, feita de violetas, rosas brancas, amores perfeitos brancos e arroxeados e hera de um verde intenso. As violetas são consagradas à deusa Vênus e falam de um amante fiel. As rosas brancas simbolizam recomeço e o amor verdadeiro. Os alegres amores-perfeitos dizem-nos que o casal partilha sentimentos de amor, e a hera representa a fidelidade aos votos de matrimônio como algo sagrado.

Significado

O Dois de Copas simboliza, especificamente, as relações do casal. Simboliza o equilíbrio e a igualdade. Aqui se dá uma união mágica que enlaça os corações, os corpos e as almas da melhor maneira possível. Quando esta carta surge em uma leitura indica idílio, compromisso, matrimônio ou relação amorosa feliz. Pode também indicar boda próxima ou cerimônia de esponsais se lhe segue o Quatro de Paus. O Dois de Copas ainda fala de uma amizade íntima ou uma aliança empresarial com resultados satisfatórios. Representa a esperança de novo percurso como casal, e nos mostra que sempre há novas oportunidades emocionais para uma boa amizade, do mesmo modo para um amor autêntico e duradouro.

Palavras-chave: Idílio. Um compromisso, noivado, bodas ou reconciliação. Uma aliança. Igualdade e amor verdadeiro.

Invertida: Problemas em sua relação. Discussões. Brigas. Separação ou divórcio.

Três de Copas

Na imagem, há uma reunião de três bruxas frente a frente. As três alçam suas copas prateadas em um brinde, como se celebrassem o êxito do seu grupo. Para reforçar o elemento água e sua magia, vemos ao fundo uma cascata e um riacho. As mulheres vestem túnicas soltas de cores vivas, adornadas com símbolos místicos, e suas joias de prata mágica brilham à luz do sol, enquanto parece celebrarem tranquilamente um sabbat, talvez, o dos meados do Verão, em um jardim.

As três mulheres estão rodeadas de uma enorme variedade de flores mágicas, todas elas associadas com o elemento água. As altas dedaleiras de cor rosada e púrpura representam a magia e a proteção das fadas; o murmúrio da Íris fala de mensagens mágicas e da comunicação que flui entre os componentes da assembleia de bruxas. Os amores-perfeitos também chamados em inglês heart's ease (alívio do coração) mostram o carinho que sentem entre elas, enquanto as violetas são bênçãos da deusa das fadas. Por último, as rosas rosadas anunciam amizade autêntica e duradoura. Esta carta representa o poder do número três, e nela há três trindades, as três mulheres, as três Copas e as três altas agulhas da mágica planta da dedaleira.

Significado

Em uma leitura, a carta fala de uma lembrança dos laços da magia e da amizade, assim como uma representação do poder do número três. Sua magia está se manifestando neste momento, tanto se fizer sozinho os seus feitiços quanto com seus queridos amigos e membros da sua assembleia. A magia está por toda parte e funciona. Espere crescimento, êxito e criatividade. Está alcançando suas metas. A carta representa uma amizade mágica que brinda sorte e fascinação para sua vida. Também pode indicar que experimentamos um crescimento espiritual ou psíquico, que alcança um grau superior em sua reunião de bruxas ou que avança no curso dos seus estudos mágicos.

Palavras-chave: Uma circunstância feliz. Reunião de amigos, família ou membros de uma reunião para fazer uma celebração. O poder do três e a magia da manifestação. Celebrar os sabbats, partilhar experiências. Avanço mágico, crescimento psíquico, os laços de uma saudável amizade mágica. Crescimento, êxito, criatividade.

Invertida: Egocentrismo. Antagonismo na assembleia das bruxas. Sua magia enfrenta obstáculos.

Quatro de Copas

Um menino aparece sentado às margens de uma laguna, carrancudo, embaixo de um salgueiro chorão. Ao fundo, na imagem, há uma cascata. Ainda que seja um dia prazeroso com o céu azul sulcado por nuvens esponjosas, a criança tem os braços cruzados sobre o peito e está cabisbaixa. Parece absorta, pensando nas três Copas prateadas que há em frente a ela. Ao lado da criança, deitada à margem, há uma sereia de olhos azuis e cabelos loiros platinados que sustenta uma quarta Copa. As pérolas do seu cabelo, ao redor do seu pulso, estão associadas com a energia lunar e feminina e representam sonhos do que pode chegar a ser. Ainda que possa ser observado certo contraste entre eles – a sereia é loira, enquanto que a criança é morena – há uma expressão muito parecida. Talvez esteja ela tentando imitar a expressão do menino para fazê-lo rir? A sereia levanta e agita atrás sua belíssima cauda de raias azuis e verdes, esperando pacientemente que o menino levante os olhos e veja as oportunidades que têm em mãos, que aceite a ajuda que está sendo oferecida. O salgueiro desta carta associa-se à lua e ao elemento água. Na linguagem das flores, esta árvore representa a paciência.

Significado

A carta representa aborrecimento, estancamento em uma rotina ou insatisfação com sua vida. Contudo, a aventura, a mudança e a ajuda se lhe apresentaram: basta apenas abrir os olhos para descobrir e perceber essas possibilidades novas e fascinantes. A ajuda vem de onde menos se espera. Desperte! Agradeça todo o bem que há em sua vida e reconsidere sua posição atual.

Palavras-chave: Saia da depressão em que mergulha! A mudança, a aventura e a oportunidade esperam por você. Deixe de se lamentar e faça algo de proveitoso para você.

Invertida: Autocompaixão, conformismo, depressão.

Cinco de Copas

Uma bela criatura elemental, uma sereia, encontra-se na orla, sentada nas rochas. É caprichosa, vaidosa, séria e está visivelmente aborrecida com seu mundo. Seu cabelo e suas escamas são de um brilhante azul turquesa escuro e intenso. Parece que o mar está contagiado do seu temperamento e mostra-se ligeiramente agitado, de uma cor azul esverdeada escura. O movimento das ondas golpeia as rochas atrás da sereia. Espargidos, ao redor da sereia, representando seu estado turbulento, há uma coleção de tesouros do mar. Não presta atenção às moedas de ouro e sua coroa lunar de pérolas não a brinda com qualquer sorte. Frente a ela há cinco Copas de prata, ainda que duas estejam de pé, três emborcaram e a água entra e sai delas, para regressar de novo ao mar. A sereia parece desventurada, como se já não sentisse nenhum prazer com seus tesouros. Como no clássico conto da sereia que anelava viver na terra e deixar para trás seu reino aquático, ela se vira de costas ao mar e anseia por algo que não pode ter.

Significado

A carta simboliza a insatisfação, o pessimismo e o anelo de algo que nunca poderá ter. Das cinco Copas de prata que a rodeiam, duas estão, todavia, cheias. É curioso comprovar que a maioria das pessoas só se fixa nas três que derramaram seu conteúdo. Em uma tiragem, a carta representa um aviso de que o aborrecimento, as pequenas decepções e a irritação estão começando a controlar sua vida. Quer o que não pode ter, ou que a vida a prejudicará. Talvez agora mesmo isso a faça se sentir mal e que aquilo que antes a encantava já não lhe interessa. Mas, chegou o momento de deixar de fazer drama de tudo e olhar ao seu redor com atenção. Ainda há opções e oportunidades. Tire partido do elemento água, lave sua tristeza nela e encontre o consolo e a paz.

Palavras-chave: Insatisfação, decepção, lamento, melodrama. Almejar o que não pode ter. Deixe que o elemento água lave sua tristeza.

Invertida: Perda, remorso, leve depressão, tristeza.

Seis de Copas

Duas crianças loiras adoráveis, irmão e irmã, estão alegremente sentadas na verde relva e nos trevos, em uma ensolarada tarde de Verão. Elas colocaram cravinas em seis Copas prateadas. Ambas vestem um amálgama de azuis aquosos e suas roupas são práticas e resistentes para brincar fora de casa. Uma bomba, por si, extrai água para beber, se tiverem sede e um arroio ligeiro e silencioso atravessa suavemente a paisagem. O pequeno arroio tem a profundidade exata para que as crianças possam agitar a água e brincar junto a ele, sem perigo. Ao fundo, na imagem, é possível ver um aprazível céu azul e uma casa de campo com um telhado de palha. Tudo é simples, tranquilo, encantador e inocente. Enquanto os dois irmãos brincam, criam o que algum dia serão recordações felizes. A vida não tem complicações, e as crianças estão muito juntas à magia. Elas nunca a põem em dúvida. Simplesmente está ali. Nesta carta a imaginação é o que move o mundo. Na linguagem das flores, as cravinas representam a infância e as doces recordações.

Significado

A carta simboliza as recordações felizes da infância, os velhos amigos e a família e seu passado. Pode indicar reuniões, uma visita surpresa de um membro da família, um encontro com um colega de escola que não vê há anos, um amigo esquecido dos velhos tempos, um antigo membro da sua assembleia de bruxas que se mudou ou uma noiva da adolescência que pode voltar a entrar na sua vida. O Seis de Copas também pode ser um aviso de que tem de adotar essa atitude de assombro ante o mundo que o rodeia, tão própria da infância. Deixe que sua imaginação o guie a adentrar um projeto novo e criativo. Volte a crer na magia.

Palavras-chave: Recordações felizes, velhos amigos, infância, reuniões familiares e escolares. Deixe que sua imaginação retome o voo.

Invertida: Recordações tristes. Aflição por uma relação que terminou. Desfrute da magia.

Sete de Copas

A ilustração apresenta sete Copas prateadas dispostas em um banco de nuvens. Cada uma delas contém algo maravilhoso, mágico e distinto. No primeiro plano vemos um mago, de cabelos e barba brancos que traz óculos com cristais de meia lua. Veste uma toga solta de um azul aquoso, com bordados de símbolos mágicos. Tem um chapéu alto e pontiagudo e lhe faz um gesto com a mão aberta como se o animasse a estender a sua e agarrar uma destas Copas prateadas. Oferece-lhe várias alternativas. Qualquer escolha que faça é igualmente maravilhosa, e por sua vez representa algo distinto. Em uma das Copas há um diminuto dragão alado. A que se encontra no mais alto contém um gatinho negro. Na terceira ergue-se um castelo de contos de fadas em miniatura, e da quarta sai um minúsculo arco-íris brilhante. Há uma quinta Copa com joias e moedas de ouro, e na sexta descansa uma minúscula sereia. Da sétima e última sai uma mariposa monarca.

Significado

Pode fazer muitas escolhas maravilhosas. Esta é a carta dos sonhos, símbolos e signos de adivinhação. Selecione qualquer das sete Copas; siga lendo e comprove o que a escolha que fez lhe diz a seu respeito. O dragão vermelho representa o poder da transformação e o elemento fogo: Que forma de paixão e poder pode manifestar-se em seu mundo? O gato negro assegura-lhe a oportunidade de aproximar-se mais do reino animal em seu trabalho e de encontrar seu próprio meio familiar mágico. O castelo de contos da terceira Copa oferece-lhe a oportunidade de alcançar estabilidade, comodidade e a magia do coração e do lar. O arco-íris mostra-lhe que é o momento de aperfeiçoar suas habilidades de comunicação e ver quais mensagens esperam-no no arco-íris mágico de Íris na carta da Temperança. As joias e as moedas de ouro convidam-no a submergir no elemento terra e a fazer mágica com ele, a concentrar-se nos cristais, nas pedras, nos minerais e nos metais. A diminuta sereia convida-o a aprofundar-se no território do elemento água: aceite seus dotes psíquicos e suas emoções para ver para onde o levam. Por último, a mariposa destaca-lhe o elemento ar: aguce seu intelecto, afine seus instintos e preste atenção à sua intuição. Que novo conhecimento soprará o elemento ar para seu mundo?

Palavras-chave: Eleição. Diante de você há muitas opções maravilhosas: só precisa eleger uma das Copas e sua lição.

Invertida: Não cometa o erro de decidir pelos demais. No final, se ressentirão com você por tê-lo feito. Indecisão, fantasia, ilusão.

Oito de Copas

Em primeiro plano da ilustração há oito Copas prateadas, colocadas em fila e dispostas em equilíbrio umas sobre as outras. Atrás delas vemos uma jovem adornada com uma capa azul de viajante e traz no cabelo um raminho de ervilhas de cheiro em flor. A jovem vai se distanciando das Copas; caminha pela praia deixando-as para trás. O fato de caminhar por um lugar intermediário é muito significativo. Encontra-se na fronteira entre um reino e o outro, em concreto, entre a terra e o mar. Uma brisa invisível agita em pregas sua capa para trás. A lua, em quarto crescente, brilha no céu noturno, em que cintilam oito estrelas. A distância veem-se alcantilados altos, mas a viajante mantém o olhar fixo no horizonte. Escolheu abdicar daquilo que não é mais necessário, o que a prejudica. Enquanto segue pela orla, um golfinho brinca fora da água para vê-la. Na antiga Grécia, o golfinho era considerado um mensageiro. Nesta carta parece estar comprovando os progressos da mulher. A jovem continua andando e avançando. As flores do seu cabelo são simbólicas: a flor rosada das ervilhas de cheiro representa a partida.

Significado

A carta diz que deve virar essa página. Pode representar também uma mudança por razões de trabalho, ou pode se tratar de mudança emocional. Em qualquer caso se há de levar em conta a mensagem do Oito de Copas: deixar para trás o passado e seguir adiante com determinação para um lugar melhor, mais feliz, mais saudável. Se estiver mudando, prossiga e desfrute das mudanças positivas em sua vida.

Palavras-chave: Seguir adiante, deixar o passado, estabelecer limites adequados.

Invertida: Deixar o êxito para trás. Risco de tomar uma decisão equivocada.

Nove de Copas

Sobre uma mesa de banquete coberta com toalha há nove Copas prateadas dispostas em forma de arco. Atrás da mesa vemos uma bela mulher que veste uma túnica de cores azul e verde brilhantes, sorrindo satisfeita enquanto verte o vinho numa das nove Copas, como se estivesse dando-lhe as boas-vindas à festa. A anfitriã traz nos cabelos plumas do místico pavão real e uma flor azul, e um colar com nove pedras ao redor da garganta. A toalha é de um azul pálido aquoso e se incorporaram estrelas do mar e conchas ao padrão do tecido para enlaçar visualmente com o elemento água. Disposto cuidadosamente sobre a mesa, como se em seguida fosse começar a celebração, vemos um arranjo de mesa feito com pinhas, uvas, maçãs e uma abóbora. A pinha é um símbolo clássico de hospitalidade. A abóbora, as maçãs e as uvas falam da abundância da época da colheita e as abóboras, além do mais, associam-se com a lua e o elemento água. Ao fundo, há um caldeirão (símbolo clássico da Deusa) fervendo em fogo lento sobre o lar.

Significado

Em uma tiragem, o Nove de Copas indica expansão de sua vida social. Esta é a carta da "hospitalidade". Simboliza também as boas-vindas e confirma que será o anfitrião de um evento ou de uma festa para a família e os amigos. Se aparece com o Quatro de Paus, indica que durante alguns meses estará muito ocupado, atendendo a compromissos sociais. O Nove de Copas anuncia que talvez seja anfitrião na celebração de um sabbat ou de um esbat para sua assembleia de bruxas. Também representa as reuniões da sua comunidade. Não estranhe ver-se envolvido na organização e direção para celebrar o sabbat ou de um evento para a sua comunidade. Desfrute com preparativos e planos e não se deixe estressar. Além disso, a esta carta também se chama, às vezes, de "a carta do desejo". Está a ponto de que se lhe conceda um desejo.

Palavras-chave: Hospitalidade, comunidade, gentileza. Reuniões, festas. Será concedido um desejo a você. Celebrações agradáveis com a família, com a reunião de bruxas e os amigos.

Invertida: Autossuficiência, falso orgulho. Não é tão popular como crê. Inimizade.

Dez de Copas

Um homem loiro e uma mulher de cabelos castanhos estão à margem de um rio sinuoso. Abraçados pela cintura olham o céu azul, onde um vibrante arco-íris brilha sobre a família. Há nele dez copas prateadas. Os dois têm um braço erguido como se estivessem em uma celebração. Enquanto o casal se abraça, seus três filhos bailam alegremente ao seu lado; de mãos dadas, formam um círculo. As crianças acrescentam energia e entusiasmo a esta carta. Enquanto os pais permanecem tranquilos, as crianças formaram um círculo e rodam, sem poder conter sua alegria porque é demasiado grande. As crianças riem, movem-se e dançam por entre as flores. A verbena rosa cresce bela no prado e aos pés da família. A distância veem-se salgueiros verdes e uma bonita casa de campo em uma colina. O rio é um símbolo das emoções felizes que fluem através desta cena. A casa de campo é um símbolo claro de um lar feliz. O salgueiro é associado à magia da deusa e ao elemento água. Por último, na linguagem das flores, a verbena rosa significa união familiar feliz.

Significado

Quando o brilho do Dez de Copas aparece em uma tiragem indica bom presságio. Esta é a carta da família feliz e de um bom matrimônio ou de uma relação estável. Também simboliza o vínculo da amizade, o companheirismo em uma comunidade ou os laços emocionais que se formam em uma assembleia de bruxas bem-vindas. Claro que não falta esforço e dedicação para manter essas boas relações, e se logrará um resultado positivo e satisfatório. Alegre-se pelas relações amorosas que tem na vida. Seus amigos e sua família são valiosos; aprecie-os do jeito que merecem.

Palavras-chave: Amor, imaginação, plenitude. Alegria, bom humor, família feliz. Boa vida familiar, conforto e alegria, amizade, reunião feliz de bruxas, ser parte de uma comunidade mágica.

Invertida: Insatisfação, não ver a magia nem a alegria em sua vida. Sentir-se como um estranho em sua família ou assembleia de bruxas. Ser usado feito bode expiatório.

Pajem de Copas

Na ilustração, O Pajem de Copas aparece aqui como uma jovenzinha a ponto de se fazer mulher. Está cheia de otimismo e curiosidade e o bom humor brilha em seus olhos de cor castanho-claro. Usa o cabelo castanho-dourado parcialmente preso a um diadema de conchas, e seu vestido de cor verde-água e seus pendentes prateados de estrela do mar mostram-nos que está ligada ao elemento água. Ao redor do pescoço traz um colar feito com simples cristais do mar. O Pajem de Copas tem frente a ela, com ambas as mãos, uma Copa prateada em que aparece um peixe azul que lhe sussurra segredos. O peixe a incita a olhar para seu interior a fim de assimilar o elemento água e explorar seus talentos intuitivos, mágicos e psíquicos. Atrás do Pajem de Copas vemos o céu de cor azul brilhante e o mar. A rodear a jovem, uma onda brincalhona e brilhante em forma de lua crescente, clara referência aos poderes femininos da lua e à atração que exerce sobre as marés e sobre todos nós. A ela não lhe preocupa a onda; antes, agradece-lhe, pois brinca com ela saltitando-a. Afinal, faz parte do processo de aprendizagem. Está preparada para submergir e começar seus estudos. As aventuras e a viagem do Pajem de Copas em sua nova senda mágica acabam de começar.

Significado

Ao aparecer em uma leitura, O Pajem de Copas indica que estão a ponto de emergir novos talentos intuitivos. Examine seus dotes; submerja-se no estudo da intuição, da empatia, da clarividência e de outros talentos psíquicos. Esta carta da Corte pode indicar também que um estudante acaba de começar sua carreira nas artes mágicas. Desfrute da diversão de descobrir e volte a desempenhar seu ofício com alegria. O mesmo como sucede com as demais cartas da Corte, o Pajem pode representar uma pessoa. No geral, será alguém jovem, de cabelos loiros ou castanhos e de olhos azuis, castanhos-claro ou verdes. A mensagem do Pajem de Copas refere-se à exploração de talentos mágicos e psíquicos. Não se esqueça de que a magia é muito divertida!

Palavras-chave: Um estudante iniciando seus estudos mágicos ou psíquicos. Descobrimento de novos talentos psíquicos ou mágicos. Recuperação da esperança e redescobrimento da alegria do seu ofício.

Elementos associados: Água e terra. A água é o elemento natural relacionado com as Copas, enquanto que os quatro Pajens estão vinculados ao elemento prático da terra.

Invertida: Ignorar sua intuição e dotes psíquicos. Não levar a sério seus estudos mágicos.

Cavaleiro de Copas

O Cavaleiro de Copas percorre tranquilamente um prado verde. A distância, vê-se um castelo e densas nuvens ao fundo. Montado em um precioso cavalo cinza, o Cavaleiro margeia um rio resplandecente em direção ao castelo. Está olhando uma Copa prateada que segura com expressão sonhadora, como se viesse algo refletido em seu interior. Podemos pensar que se trata do Graal, um símbolo tradicional do Divino Feminino.

Ainda que o Cavaleiro de Copas não porte nenhuma espada, veste uma armadura de prata e uma bela capa azul, agitada pelo vento. É um Cavaleiro elegante, não guerreiro. Além do rio, para envolvê-lo ainda mais com o elemento água, pode se ver um desenho de onda nos adornos das rendas. As sereias heráldicas de duas caudas bordadas no desenho da capa simbolizam a eloquência, a lealdade e a verdade. A sereia é Melusina, um espírito elemental da Primavera e dos rios. O Cavaleiro de Copas pode ser caprichoso e impetuoso, mas sempre segue seu coração. É o símbolo do amor cortês e da honra.

Este Cavaleiro poderia levá-lo consigo em sua busca. Como crê que ocorresse? Poderia envolvê-lo numa aventura romântica ou ser um amigo e aliado que o acompanha em uma viagem ou senda espiritual.

Significado

Um jovem romântico e intuitivo de cabelo loiro e olhos azuis ou verdes chegará em breve. Esta carta da Corte com frequência costuma representar um homem sensível, galante e Cavaleiro. É perspicaz, compreensivo e talvez algo reservado. Protege seus sentimentos cuidadosamente, como reflete a armadura. O Cavaleiro de Copas caracteriza alguém fiel e autêntico, que crê na magia, no cavalheirismo e na honra. É o melhor amigo que alguém pode esperar e provavelmente amará uma só vez de todo o coração. Esta carta costuma sair na leitura quando alguém está a prestes a receber uma proposta ou está em evidência. Simboliza, também, o movimento e a viagem ou um ato de bondade ou de cavalheirismo. Pode indicar idílio, visões do que vai chegar e oportunidades novas e criativas.

O desafio que lhe coloca o Cavaleiro de Copas é o seguinte: É capaz de olhar na superfície da Copa para ver o que sucederá ou ter uma visão do seu próximo amor? Flua com o elemento água e busque sua resposta mística.

Palavras-chave: Um jovem romântico. Idílio, proposição ou menção. Um ato cavalheiresco, integração do Divino Feminino, sonhos, busca, movimento e viagem.

Elementos associados: Água e fogo. A água é o elemento natural com que está vinculado o naipe de Copas, enquanto que os quatro Cavaleiros se relacionam com o elemento energético do fogo.

Associação astrológica: Peixes.

Invertida: Um homem infiel. Vaidade, engano. Um mulherengo, um adulador.

Rainha de Copas

A encantadora Rainha de Copas está sentada em um trono de concha e coral à beira-mar. Uma brisa marinha brinca com seu cabelo loiro platinado, apartando-o da sua serena e formosa fisionomia. As suaves ondas do fundo da imagem e a beleza do céu azul e as nuvens de algodão marcam a pauta do seu estado interior tranquilo e prazeroso.

A Rainha de Copas é mística e serena. Traz uma coroa de prata de sete pontas que representam os sete mares, com pérolas incrustadas. Sua túnica é de um intenso azul-marinho com um desenho de conchas e água e adornada de pérolas e prata. Ela eleva com as duas mãos a Copa prateada à altura dos olhos, como se enxergasse o futuro na superfície do líquido, nela contido. A Rainha de Copas porta um rico colar de safiras, prata e pérolas. As pérolas são vinculadas ao elemento água e aos sonhos proféticos, e a prata é um metal receptivo. As safiras enlaçam de forma natural com o elemento água e sua presença na coroa de prata e no colar reforça sua lucidez psíquica, e está associada com o amor e a serenidade. No seu regaço há um pequeno ramo de violetas do bosque, rosas brancas e dedaleiras roxas, flores que se correspondem com o mesmo elemento. As rosas brancas simbolizam emoções amorosas; as violetas, fidelidade e as dedaleiras são uma flor mágica de proteção. As rosas brancas da areia espargida a seus pés deixou-as como oferenda aos mares, dos que absorvem seu poder elementar.

Significado

A carta representa uma mulher madura, mística, compreensiva, sensual, amorosa e emotiva. É uma mulher do signo da água, uma esposa e mãe leal, sua melhor amiga, uma bruxa que ama a natureza, os animais, seus filhos e seu par com a mesma intensidade. Esta é uma carta que denota uma clarividente dotada e uma mulher de grande intuição e talentos mágicos. No aspecto físico, pode representar uma mulher bonita, loira, de olhos azuis ou verdes. Enlaça com a Grande Sacerdotisa, já que ambas são cartas de intuição e poder femininos.

Quando a Rainha de Copas aparece em uma leitura lembre-se que a todos seus dotes psíquicos afetam-lhe as emoções. Sua majestade é que dedique um tempo à reflexão. Acalme suas emoções. Seja afetuoso e nobre. Permita que a cura e a magia do elemento água purifiquem-no e tragam visões a seu mundo.

Palavras-chave: Serenidade, amor. Uma mulher do signo da água. Dedicação, uma esposa e mãe entregues. Uma bruxa natural ou clarividente dotada. Reflexão, cura emocional, dotes de clarividência e de compreensão.

Elementos vinculados: Água e água. Este é o elemento natural vinculado ao naipe de Copas; as quatro Rainhas do baralho também se associam a este elemento.

Associação astrológica: Câncer.

Invertida: Vaidade. Viver em um mundo de fantasia ignorando o mundo real. Fatuidade, egoísmo, um vampiro psíquico.

Rei de Copas

Na ilustração, O Rei de Copas está sentado em seu trono junto ao mar. Para honrar este elemento e ao naipe desta carta em seu trono aparecem gravações de copas e de sereias de duas caudas. Sua túnica real tem um desenho intrincado e é de tons prateados e azul-cobalto; recobre-a uma majestosa capa púrpura. Na túnica, à altura do peito, traz bordada uma sereia heráldica azul turquesa brilhante e os rebites estão adornados com ondas prateadas. A sereia representa a eloquência, a lealdade e a verdade. A coroa do rei é de prata resplandecente, com safiras e uma estrela marinha estilizada. Também traz um amplo colar de elos de prata com safiras azuis e pérolas. Os metais e as pedras são vinculados ao elemento água. A prata é receptiva. As safiras azuis incrementam seus talentos psíquicos e sua capacidade de ser carinhoso e justo. As pérolas lunares são um símbolo das maravilhosas gemas do mar. Os dois braços do rei descansam nos dois braços do trono, mostrando que está relaxado e tem pleno controle sobre seu território. Na mão direita sustenta uma Copa de prata; na esquerda, um cetro terminado em concha. Também vemos que é casado já que traz um anel de bodas na mão esquerda. O Rei de Copas olha direto para frente como se estivesse refletindo cuidadosamente sobre você e sua petição. Sorri afavelmente, e seus cabelos loiros, seu bigode e sua barba mostram algumas sombras grisalhas, o que nos indica que é maior e mais sábio. Ao fundo, podemos ver o mar e os golfinhos fazendo cabriolas na água.

Significado

Um homem maduro, sábio e bom conhecedor da magia. Esta carta representa um indivíduo artístico, intuitivo, criativo e apaixonado. Fisicamente, seus cabelos são de cor loiro-escuro ou castanho-claro com alguns grisalhos, e seus olhos azuis ou verdes. É um bom amigo, um marido carinhoso e atento e um pai devoto. O Rei de Copas dá bons e acertados conselhos quando se lhe perguntam. Esta carta pode representar um homem tranquilo que guarda suas emoções para si, mas que pode ter um humor variável. Contudo, é profundamente sentimental e tem forte carapaça por fora para tapar seu interior, muito terno, amoroso. Com frequência vê o que a maioria das pessoas preferiria manter oculto. Esta carta representa um indivíduo que é um mediador excelente, bem-dotado psiquicamente, forte e justo.

A lição do Rei de Copas diz que a sabedoria vem do olhar no interior. Suavize suas opiniões sobre os demais com a compaixão e o afeto.

Palavras-chave: Um homem do signo da água. Um homem casado, maduro, bom conhecedor da magia. Marido e pai afetuoso, bom amigo, sábio conselheiro. Personalidade criativa. Dotes de intuição. A sabedoria vem da experiência.

Elementos associados: Água e ar. A água é o elemento natural dos que estão vinculados às Copas. Quanto aos quatro Reis relacionam-se com o elemento sábio e reflexivo do ar.

Associação astrológica: Escorpião.

Invertida: Dificuldade ao expressar as emoções. Desonestidade, um amante dominante, alguém que se aproveita injustamente de outro com menos experiência.

Espadas

Não saia de casa sem sua espada:
seu intelecto.

Alan Moore

O naipe de Espadas simboliza o elemento ar e todas as associações mágicas que surgem dele: sabedoria, agilidade mental e verdade. As cartas de Espadas sinalizam um caminho inteligente para a compreensão mediante ideias avançadas, conhecimento, discernimento e os poderes da mente. Este naipe ilustra o poder das emoções mais escuras, a atividade mental, a inteligência e a profecia. Desenvolve uma ideia embrionária por meio da comunicação.

Os seres elementais vinculados com o ar são as fadas; por esse motivo, se olhar com atenção às cartas de Espadas verá algumas fadas aladas revoluteando por elas. Outras criaturas aladas como os falcões, os gaviões, as aves canoras e as libélulas estão também ligadas ao elemento ar e farão sua aparição neste naipe. Há também plantas e flores mágicas incorporadas às imagens, todas elas vinculadas ao elemento ar (como a lavanda, o agárico e o lilás dos montes) o que tem mensagens específicas da linguagem das flores que são pertinentes à carta.

No naipe de Espadas verá paisagens impressionantes. Descobrirá altas montanhas, lugares varridos pelo vento, um tocador à luz da lua, bosques à meia-noite e castelos brumados a distância.

As Espadas costumam associar-se com os nascidos sob um signo zodiacal de ar: Gêmeos, Libra e Aquário. Fisicamente, as cartas da Corte deste naipe representam os de cabelos castanhos e olhos cinza, verdes ou castanhos-claros. Os indivíduos que se sentem atraídos pelo naipe de Espadas costumam ser falantes, sociáveis e muito cultos. São apaixonados e inteligentes e deixam que seus pensamentos ou seus sonhos os dirijam. Sabem fazer planos e organizar bem as coisas.

Ás de Espadas

Na imagem, uma Espada prateada flutua verticalmente no meio do ar e é o foco principal da carta. Justamente atrás dela voa um solitário falcão de rabo vermelho. Ao fundo avistam-se algumas montanhas brumosas. O céu é azul, com algumas nuvens rosadas e esponjosas e está começando a romper a alba. O Ás de Espadas está vinculado ao elemento ar, como as montanhas, os lugares varridos pelo vento e as aves de rapina. As montanhas que aparecem nesta carta dizem-nos que ainda que tenhamos muitos problemas, com paciência e perseverança conseguiremos ir adiante. O falcão do Ás de Espadas é um mensageiro. Convida-nos a avançar, a nos abrir às novas ideias e a descobrir nosso poder pessoal e nosso verdadeiro propósito na vida. Pode alcançar o êxito, tem que ir adiante por ele. Esta carta mostra-nos que a lucidez espiritual nos leva a ver mais além da fantasia para alcançar a verdade real e imperecível.

Significado

O Ás de Espadas é a forma mais potente e pura do elemento masculino do ar. Quando aparece em uma leitura é como se lhe chegasse um bilhete informando-o que é chegado o momento de atuar. Esta é uma carta que fala de intelecto, heroísmo, vitória, justiça, sucesso, começar de novo e ganhar batalhas. Outra lição mais importante que mostra é que agora tem a oportunidade de pensar de outro modo, ver mais além da fantasia e aceitar as coisas como são. A verdade dói, mas, às vezes, também pode curar e criar espaço para uma realidade nova e melhor. Pode alcançar o êxito; a vitória está próxima, venha tomá-la com ambas as mãos.

Palavras-chave: Êxito, verdade, consciência, vitória, determinação. Atue já. Uma percepção clara leva ao espírito e a uma relação mais próxima com a deidade. O elemento ar.

Invertida: Espelho, confusão, crueldade, injustiça. Não se deixe levar pelas emoções e esforce-se por encontrar o equilíbrio.

Dois de Espadas

Na ilustração, entardece e uma mulher de cabelos e franja está sentada em um banco de pedra diante de um lago em calma. A distância se vem preciosas montanhas. A meia-lua flutua no céu crepuscular. A mulher tem olhos vendados e os braços cruzados sobre o peito; suas mãos repousam nos ombros como se estivesse protegendo o coração ou fechando-se. Traz uma túnica solta cor marfim com barras azul-celeste. Ainda que esteja séria e se mantenha em guarda, não é uma vítima. É dependente de tudo o que sucede ao seu redor. O fato de trazer os olhos vendados nos diz que confia plenamente nos seus demais sentidos aguçados para que a alertem do perigo. Suas mangas estão estritamente cingidas aos punhos, deixando ambas as mãos livres para usar as espadas. Está pronta para atacar, se for preciso. A mulher aparece no crepúsculo porque se encontra em um estado intermediário. Às suas costas, a lua e a água simbolizam que se afastou das suas emoções, ou no mínimo se nega a fazê-las casualmente em ocasiões. De ambos os lados do banco de pedra crescem pequenas matas de lavanda. Na linguagem das flores, a lavanda simboliza a desconfiança, pelo que resultam muito apropriadas a essa mulher. Também está vinculada ao elemento ar e tem grandes qualidades protetoras quando se referir ao jardim de uma bruxa. A cada lado da mulher há uma fada esvoaçando sobre a lavanda. Curiosamente, as fadas olham a água. Talvez estejam ajudando-a a vigiar sua espada.

Significado

Em uma tiragem, a carta é uma advertência de que bloqueou seu coração e suas emoções e está reprimindo seus sentimentos. Está literalmente se negando a ver o que há diante de si. Seu coração diz uma coisa, enquanto que a lógica diz outra. A água do lago representa suas emoções e sua repressão. Do mesmo modo que a mulher que deu as costas aos seus sentimentos, você tem de estar consciente de que está bloqueado e cerrado. Talvez pense que tem equilíbrio, mas assim não se pode solucionar um conflito. Examine, determinadamente, ambas as faces da situação. Examine suas opções: estabelecer limites é algo positivo, mas não se feche aos demais. Seja como a água e as espadas desta carta: reflita enquanto busca a solução e permaneça em calma como a água, mantenha-se em equilíbrio como as espadas por esforçar-se a encontrar a harmonia e a compreensão.

Palavras-chave: O coração e a mente não estão de acordo. Estabelecer limites excessivos; reprimir seus verdadeiros sentimentos; buscar o equilíbrio entre coração e mente; planejar suas opções.

Invertida: Ver-se forçado a enfrentar suas emoções reprimidas. Conflito, injustiça, obstinação.

Três de Espadas

Na imagem vê-se um grande coração vermelho atravessado por Três Espadas. Ao fundo se vê um céu de tormenta e grandes nuvens carregadas de chuva. Três fadas esvoaçam, com aspecto abatido. Um par de fadas abraça-se de modo a se confortar uma a outra, enquanto que a terceira afasta-se voando. Do céu chuvoso caem flores azuis de agerato. Enquanto o coração é um símbolo de amor, verdade, valor e moral, lamentavelmente as Três Espadas que atravessam o coração nesta carta representam traição, desengano e atraso. As enormes nuvens simbolizam emoções turbulentas e lágrimas que estão presentes na sua vida nesse momento. Na linguagem das flores, o agerato azul significa atraso. Esta carta ilustra os momentos mais duros de angústia e a dor da perda e a traição.

Significado

A presença do Três de Espadas em uma leitura causa uma reação visceral. É uma carta brutalmente ardente; não há meio de suavizá-la ou torná-la um pouco mais diplomática. Quando a vemos sobre a mesa é como uma punhalada na boca do estômago. Dói. Esta carta, mais do que qualquer outra, representa a dor e a perda que o consulente está experimentando nesse momento. O que deve entender é que tem de aguentar essa dor do seu coração, aceitá-la, derramar lágrimas e virar a página. Uma vez, tendo aceitado a dor e sentido a amargura, então (e só então) poderá seguir adiante. Esta carta também pode representar um atraso no projeto ou em planos, ou as dolorosas repercussões cármicas que se experimentam, quando um encantamento para manipular alguém é devolvido a quem o lançou.

Palavras-chave: Atraso, traição pessoal, perda. Um momento de drama e lágrimas. Tristeza, conflito. Um encantamento que retorna a quem o lançou.

Invertida: Destruição, luta. O processo de cura está bloqueado. Enquanto não experimentar sua amargura, não será capaz de seguir adiante.

Quatro de Espadas

A um lado da cena vemos uma mulher de olhos castanhos-claros vestindo uma túnica amarela com acabamento roxo. A brisa revolve seus longos cabelos castanhos a ao fundo avistam-se montanhas. O motivo da pluma no acabamento da túnica faz referência ao elemento ar. À sua direita há três espadas, colocadas cuidadosamente sobre o muro do castelo. A mulher parece um pouco cansada e segura a quarta espada com a ponta para baixo, como se estivesse buscando um lugar para deixá-la. Na mão direita traz alguns ramos curtos de salgueiro cinzento, que na linguagem das flores simboliza a recuperação de uma enfermidade, e que é uma lembrança de que há de descansar e recompor-se. A era que cresce nos muros do castelo está associada magicamente à cura. As ametistas adornam o elaborado cinto que usa à frente, assim também a gargantilha e o cinturão. Esta encantadora pedra roxa propicia o sono reparador, a cura e os sonhos prazerosos. Nesta carta podemos ver que, ainda que continue se cuidando e seja capaz de exibir aspecto saudável, vestindo sua preciosa túnica e suas belas joias, o estresse está começando a lhe deixar as suas marcas. Anseia por um pouco de sossego e solidão.

Significado

O Quatro de Espadas em uma leitura significa que precisa ter um tempo de descanso, dar uma saída, reservar-se um dia livre para poder recuperar a energia perdida e voltar a ter forças. Pode ser que o consulente se sinta angustiado pelas exigências e o estresse do dia a dia. Talvez sinta a necessidade de se afastar e se retirar do frenético cotidiano ou de um grupo mágico. Ou, talvez tenha que se permitir, para se recuperar de uma enfermidade. Pode ser que talvez tenha de se acostumar à solidão durante algum tempo. Descobrirá as soluções de seus problemas mágicos tranquilamente e por si mesmo.

Palavras-chave: Tomar algum tempo para si mesmo. Descansar e repor-se por completo de uma enfermidade. Recuperação de energia perdida. Fazer magia a sós durante um tempo e concentrar-se.

Invertida: Sentir que o expulsaram do grupo. Rejeição, esgotamento.

Cinco de Espadas

Cinco Espadas estão dispostas em forma de leque sobre um precioso céu azul brilhante. Há nuvens de um branco nacarado banhadas de luz e justamente debaixo de onde se unem as pontas das cinco estrelas vemos uma preciosa libélula iridescente, símbolo do elemento ar do território das fadas e da ilusão. Cinco fadas voam alegremente ao redor das espadas sem temer suas lâminas afiadas. Mas o que crê que possa ser mais perigoso nesta carta, as bordas afiladas das espadas ou os possíveis enganos das fadas? Esta carta mostra que feriram o seu orgulho, mas não vai morrer por isso, não exagere. Pode ser que agora se sinta envergonhado, mas o que o faz se sentir humilhado é, na maior parte, só uma ilusão. A libélula representa a necessidade de assumir novo ponto de vista e mudar, enquanto que as fadas o animam a aprender a rir um pouco de si, a ver os enganos dos demais e a seguir avançando.

Significado

Em uma leitura a carta indica que o consulente sente-se humilhado e envergonhado. Trata-se, porém, apenas de uma derrota parcial: ainda tem o controle. Não se renda! Dê a volta à situação e busque outras possibilidades. Permita que o elemento ar traga-lhe um pouco de vitalidade e nova perspectiva para sua vida. Escute a mensagem da libélula e comece a ver mais além das aparências. Transforme sua vida em algo brilhante e maravilhoso.

Palavras-chave: Vergonha, aparência, engano. Aprender a rir de si e seguir avançando.

Invertida: Humilhação, estar ressentido, conflito com uma pessoa dominante.

Seis de Espadas

Na ilustração, há um jovem sentado na parte traseira de uma pequena embarcação de madeira. Veste um jaleco sem mangas, roxo, que deixa a descoberto seus braços atléticos, enquanto rema para outra margem distante. Usa calças cinza. Uma suave brisa deita para trás seus cabelos negros, separando-os do rosto, e podemos deslumbrar seu perfil direito: o homem está satisfeito e concentrado em sua viagem. Para destinar esta carta mais profundamente com o elemento ar há o motivo de uma libélula aos lados da embarcação amarela. Dentro dela, seis Espadas verticais com as pontas para baixo e dispostas cuidadosamente ante dele. As Espadas não danificam a barca; talvez estejam tampando alguns furos. Indica-lhe que ainda que leve consigo problemas e preocupações, contudo não deve se afligir por eles. O céu azul e o horizonte claro indicam bom momento para viajar.

Significado

Tradicionalmente, quando o Seis de Espadas aparece em uma leitura significa viajar pela água. Indica movimento e progresso de algum tipo. O consulente pode estar planejando uma viagem de lazer ou a negócios. Esta carta aponta para ocasião propícia ao movimento, à mudança e à experiência que brinda a viagem. Pressagia avanço, melhora da situação atual, novo trabalho, mudança ou viagem. Desfrute do momento: Tudo segue de vento em popa.

Palavras-chave: Viagem por água. Movimento, novo trabalho. Mudança de casa. Viagem de lazer. Progresso. Travessia. Sucesso.

Invertida: Melhoria de curta direção. Dificuldades em seus progressos. Atrasos ou complicações em sua viagem.

Sete de Espadas

Um homem, de semblante feliz, carrega cinco Espadas. Deixou atrás outras duas Espadas, mas, porém está muito contente com o botim que logrou. Sua túnica é amarela dourada, com o motivo de uma pluma aérea na parte baixa. No seu pescoço vê-se um medalhão com o pentáculo para cima. Parece muito satisfeito consigo mesmo e com as cinco Espadas que leva, e sorri, quase rindo. Utilizou sua perspicácia, sua confiança e sua inteligência para ganhar seu prêmio e evitar qualquer oposição. Ao fundo, de acordo com a imagem, vemos passar nuvens de tormenta afastando-se e há tendas coloridas e festivas, talvez uma feira. Seus estandartes agitam-se com a brisa, enquanto a tormenta e o homem astuto abandonam o lugar. Todas as habilidades vinculadas com o elemento ar e o naipe de Espadas, como a inteligência, a astúcia e a premonição, estão representadas nesta carta.

Significado

A aparição do Sete de Espadas em uma leitura indica aviso para usar novos esquemas ou táticas. É o momento de ser pronto e criativo. Esta carta refere-se a uma pessoa rápida, engenhosa, que evita a confrontação ou foge dela. Ao fazê-lo, astutamente, corta as asas do inimigo. Observa-o todo desde seu ponto de vista. Aporta soluções novas aos mesmos problemas de sempre. Atreva-se a pensar de uma forma original, a sair dos moldes e experimentará a vitória e grande progresso.

Palavras-chave: Novos esquemas, novas soluções. Pensar de forma original. Confiar em sua perspicácia. Vitória parcial, evasão, astúcia, premonição.

Invertida: Permitir que o medo o detenha. Não aproveitar das oportunidades. Comportamento tímido.

Oito de Espadas

Uma mulher vestida com uma túnica malva está atada e tem os olhos vendados. A brisa agita os cordões da venda e levanta seus cabelos castanhos, limpando o seu rosto. A seu redor, cravadas na erva em diversos pontos, formando um círculo aberto, há oito Espadas. Ao fundo vemos um rio e a imagem de um castelo rodeado de brumas. O rio representa o fluir das emoções, enquanto que o castelo envolto em neblina representa as metas que parecem difíceis de alcançar. Ao redor das Espadas e na erva floresce a beladona, que na encantadora linguagem das flores simboliza pensamentos falsos e obscuros. A mulher desta carta poderia atravessar o círculo de Espadas e sair dali (realmente tem opções), mas o medo a domina. Parece imobilizada e seus pensamentos falsos e obscuros ou sua imaginação transbordante fizeram com que as situações pareçam piores do que na verdade são. Os céus sobre ela mostram que o sol está saindo e a luz rosada do amanhecer começa a clarear sua bruma. Deveria arrancar-lhe a venda, deixar de um lado suas aparentes restrições e enfrentar o novo dia.

Significado

Em uma leitura, a carta fala de limitação, de se sentir abatido nesses momentos. Todavia, ao retirar a venda emocional da autovitimazação encontrará uma saída. As circunstâncias não são tão negativas como parecem. A felicidade é possível, o sol está brilhando, e podem surgir novas oportunidades. Esta carta também representa uma bruxa que tem medo do ritual ou da sua própria iniciação. Pensa no desafio que tradicionalmente se propunha à maioria dos iniciados, com os olhos vendados: "É melhor arrojar-se contra esta Espada do que entrar no círculo com medo no coração. De que modo você entra? " Tinham de responder sem medo ou se lhes negava a entrada na assembleia das bruxas. O que pode aprender com esta carta? Volte a ler a descrição de seu significado e encontre suas repostas. Na magia não há lugar para o medo.

Palavras-chave: Restrição, sentir-se pressionado. Reagir exageradamente ante uma situação. As coisas não são tão negativas como parecem; pode encontrar uma saída para o seu problema. Temer a iniciação ou o ritual.

Invertida: Sentir-se completamente indefeso, agoniado. Depressão leve. Sair da reunião das bruxas por medo do desconhecido.

Nove de Espadas

Na ilustração é noite e uma mulher, vestida com um camisão, jaz relaxada em sua alcova numa pose dramática. Tem as costas da mão apoiadas na testa indicando ter caído desvanecida por um esgotamento emocional ou físico e sua outra mão cai rendida no solo. É evidente que está triste. Seu longo cabelo derramado sobre o travesseiro revela a marca de uma mordedura no pescoço: duas feridas punçam como as de um vampiro. A lua minguante ilumina a janela gótica, sobre a qual há nove Espadas dispostas formando uma espécie de jaula e tampando a visão. As prímulas amarelas bordadas na colcha da cama simbolizam tristeza. Talvez a mulher esteja tentando alcançar o punho da Espada que está mais abaixo. Pode ser que finalmente esteja preparada para se defender, liberar-se e acabar de uma vez com o drama. Ou talvez necessite seguir recreando-se um pouco mais na autocompaixão.

Significado

Esta é a carta da "vítima". Ao aparecer em uma tiragem simboliza alguém que está sempre atravessando uma crise, ou causando problemas na dinâmica de uma assembleia de bruxas ou numa situação social. Pode ser um vampiro emocional ou psíquico, ou talvez, ela mesma seja a vítima de um ataque deste tipo. Como é carta número nove do baralho, também indica que está próxima da resolução do problema. As situações chegaram a seu ponto álgido e agora deveriam começar a estabilizar desde que não haja melodramas. Decida tomar a Espada, ter iniciativa e se defender e às suas energias pessoais. Ainda assim, a carta pode representar as repercussões cármicas de uma decisão equivocada ou de um ato mágico manipulativo. A carta, igualmente, revela com perfeição os efeitos de uma conjuração daninha que voltam triplicados a quem o lançou.

Palavras-chave: Carta da "vítima". Vampiro ou vítima psíquica ou emocional. Os efeitos de um conluio prejudicial que retornam multiplicados a quem o lançou.

Invertida: Suspeita, medo, ansiedade. Fantasia mórbida. Comportamento cruel. Vampiro psíquico, impenitente, não bem-vindo.

Dez de Espadas

O corpo de um homem jaz de bruços sobre a erva, com dez Espadas cravadas nas costas e na cabeça. Tem o cabelo castanho e traz uma túnica cinza. Atrás dele, o sol declina, e pousado nos galhos nodosos e retorcidos de uma árvore, uma coruja de brilhantes olhos amarelos vigia o cadáver. A ave, uma criatura do elemento ar, é um símbolo clássico da magia, do mistério e da sabedoria interior. A paisagem de fundo é agourenta, escura e ameaçadora. Há tantas Espadas cravadas no homem que o crime deve ter sido cometido por um grupo. A ausência de sangue na carta lembra-nos de que se trata de um ato simbólico, não literal. O homem representado aqui confiou quando não devia fazer ou ignorou seus próprios instintos e agora pagou o preço ao ser traído reiteradamente. Uma planta solitária de acônito roxa cresce junto ao cadáver. Na linguagem das flores, o acônito avisa-o de que há próximo um inimigo mortal. É evidente que este homem desprezou o aviso da planta peçonhenta.

Significado

Com a presença de O Dez de Espadas, em uma leitura, deve-se perguntar: "Por que não ouvi meu instinto"? Esta carta é uma representação muito lúcida do que significa ser apunhalado pelas costas. Mostra a traição de uma pessoa querida, um amigo ou um membro do seu grupo de bruxas. É o que sucede quando ignora sua voz interior e seus pressentimentos de que algo vai mal. Por ignorar os sinais de aviso e não prestar atenção ao seu próprio instinto de que se está preparando uma tormenta, paga um alto preço. A carta também pode simbolizar uma relação com um grupo nocivo de pessoas, em um ambiente onde não o valorizam, ou melhor, fazem-no sentir-se como um intruso. Se seus instintos o advertem de que não é esse o seu lugar, tem de ser inteligente, tanto quanto o mocho e sair voando, apartar-se desse grupo e de toda a sua negatividade.

Palavras-chave: E uma assembleia de bruxas onde não se sente aceito ou apreciado. Um grupo indesejável de pessoas. Traição. Ignorar os seus instintos.

Invertida: Alguém o prejudica fisicamente. Um grupo de pessoas negativa ou imoral. Converter-se injustamente em bode expiatório.

Pajem de Espadas

Há um adolescente alto e magro em uma planície verde. Sopra um forte vento que agita o falcão de metal que traz pendurado ao pescoço, como um talismã. O Pajem de Espadas, sem dificuldade, alça uma espada com as duas mãos. Está se pondo à prova para quando chegue o momento e preparando-se intensamente para a situação. Atacará e se defenderá ou deve brandir a espada? Poderia ocorrer qualquer coisa, já que por um lado parece precaver-se e, por outro, estar mentalizando uma possível luta. Sua camisa é de um suave cinza-escuro, com debruns amarelos e falcões de cor azul pálido, bordados nas mangas. Este tradicional escudo de armas significa que é impaciente e que não se deterá até alcançar seus objetivos. Atrás, abrem-se céus azuis e há nuvens, leves e brancas, indicadoras de bom tempo. Na cercania, à altura do horizonte, veem-se montanhas. Nesta carta da Corte, o elemento ar está emparelhado com o caráter apaixonado e as reações rápidas e caprichosas do jovem. Ninguém sabe se será capaz de dominar seu gênio e reagir adequadamente.

Significado

Em uma leitura, a carta significa que é preciso pensar rapidamente e agir com decisão, mas mantendo a calma. Há de se manter alerta e preparado para possíveis problemas ou conflitos, usando antes a inteligência, não a força bruta. Tem a capacidade de brevemente acabar com as incoerências e com pequenos conflitos, atuando com rapidez ou com poucas palavras, mas adequadas. A carta pode representar fisicamente uma pessoa ativa, jovem, de cabelos castanhos e olhos verdes ou castanhos-claros. O falcão simboliza as mensagens, e quando aparece na sua vida constitui sempre um signo da deidade para que preste atenção ao que está acontecendo ao seu redor.

A mensagem do Pajem de Espadas é de que, nesses momentos, necessita cautela, inteligência e prudência. Tente com o tato antes de atacar seu oponente.

Palavras-chave: Vigilância, cautela. Estar preparado para um possível problema. Solucionar os pequenos conflitos com palavras apropriadas. Um jovem apaixonado e inteligente.

Elementos associados: Ar e terra. O ar é o elemento natural a que está vinculado o naipe de Espadas, enquanto que os quatro Pajens representam o elemento prático, terra.

Invertida: Tensões, ações precipitadas. Usar a força física, quando necessário.

Cavaleiro de Espadas

O jovem e bem-posto Cavaleiro de Espadas e seu cavalo de guerra estão entrando numa batalha. O Cavaleiro alça a espada com a mão direita, enquanto se dispõe confiante ao ataque. Com a mão esquerda segura levemente as rédeas do seu poderoso cavalo holandês. Tem todo o controle, está em seu melhor momento. É um guerreiro perigoso, excelente e ousado. Tem a viseira do capacete alçada para poder ver sem impedimento o que se aproxima. Porta uma capa ondulante e sua engastada armadura é de prata escura com reflexos azulados. A capa, a brida e os adereços do seu cavalo são de cor amarela e trazem o padrão heráldico de um falcão, que simboliza o ímpeto e a emoção da caça. As cores e o escudo de armas mostram claramente a união do Cavaleiro com o elemento ar. Ao fundo, vemos nuvens de tormenta, precipitando-se sobre a planície. O Cavaleiro de Espadas está relacionado à coragem, ao impulso, à sagacidade, à valentia e ao serviço. O elemento ar reforça sua imagem veloz; sua força e seu rápido avanço fazem-se evidentes. É um indivíduo sem medo e seus ideais e crença impelem-no adiante numa luta por aquilo que acredita. Este Cavaleiro representa as melhores qualidades do naipe de espadas: equilíbrio, energia, inteligência e impulso, além da responsabilidade.

Significado

Se tivéssemos de resumir esta carta da Corte, diríamos "sem medo". Quando aparece em uma leitura é sinal de entusiasmo, movimento e aventura. É preciso agir e chegou o momento de se lançar e ser bem-sucedido. A carta ainda representa um jovem apaixonado e cheio de entusiasmo com cabelos castanhos e olhos cinza ou castanhos-claros. Trata-se de um indivíduo que em meio a uma crise, é inteligente e capaz. É sagaz e dinâmico e possui um engenho extremamente agudo. Esta é carta do soldado e do guerreiro. O Cavaleiro de Espadas entrará rugindo em sua vida e lhe trará descobertas, comunicação, novas ideias e mudança.

O desafio que lhe propõe o Cavaleiro de Espadas é lutar para si e pelo que crê. Os ventos do movimento rápido e a transformação estão soprando na sua vida: agarre-se bem e desfrute da viagem.

Palavras-chave: Sem medo. Valentia, impulso. Uma mudança e progressos rápidos. Um homem inteligente, valente e capaz. Levante-se e defenda sua posição.

Elementos associados: Ar e fogo. O ar é o elemento natural vinculado com as Espadas, enquanto que os quatro Cavaleiros se relacionam com o elemento energético do fogo.

Associação astrológica: Gêmeos.

Invertida: Conflito, agressão, estagnação.

Rainha de Espadas

No alto de uma montanha permanece sentada a bela Rainha de Espadas, enquanto o vento arrasta suaves nuvens brancas e resplandecentes. Seu trono é firme e ao mesmo tempo elegante, com aves canoras gravadas nos braços e em todo o desenho. O vento despenteia seus longos cabelos castanhos, jogando-os para trás e deixando a descoberto sua face pensativa. Tem olhos de cor cinza abrumado e expressão séria, como se estivesse fazendo planos ou selecionando quais são suas melhores opções. Na mão direita sustenta uma Espada preciosa e brilhante e com a esquerda parece estar chamando alguém. Veste uma túnica branca com detalhes azuis. Um manto de cor celeste com debrum de flores brancas cai-lhe solto sobre os ombros e as costas. Sua coroa tem picos afiados e espetaculares com incrustações de topázios amarelos, pedras preciosas que a animam a alcançar suas metas pessoais. Usa um grande colar de topázios azuis que evocam a verdade e a sabedoria.

No seu regaço há um pequeno ramo de ervas aromáticas associadas ao elemento ar. Segura um buquê de lavanda e de lilás do vale, que na linguagem das flores significa voltar à felicidade. Atrás do trono há um passarinho azul e outro mais no solo, junto a ela. A ave azul recorda-nos que devemos recorrer a nosso próprio sentido da soberania: desenvolver nossos próprios talentos, não ter medo e praticar o que pregamos com integridade, justo como o faz a Rainha de Espadas. A fada alada que revoluteia ao seu lado é uma sílfide; uma criatura elemental do ar parece atendê-la.

Significado

A Rainha de Espadas é uma mulher de cabelos castanhos e olhos claros ou castanhos-claros. É inteligente e engenhosa, irônica e mordaz. Em uma tiragem, a carta pode anunciar que deve estar atento a seus próprios instintos e intuição. Estão surgindo novas ideias. Pode ser que seja o momento de tentar alguma novidade. A carta representa, claramente, uma mulher do signo do ar, com vocação profissional, sincera, centrada e com êxito em qualquer atividade a que se proponha. Pode ser sarcástica em ocasiões, é inteligente, contundente e decidida. Governará seu lar e sua família com a mesma implacável organização que aplica a sua carreira. Sua destreza comunicativa é excelente; pode ser erudita, escritora ou conferencista. Ainda que os homens a atraiam pelo seu aspecto físico, costuma apartar-se dela quando descobrem o quanto é inteligente e sincera. Não tem tempo para a falsidade ou a ignorância. A Rainha de Espadas pode representar uma mulher que tarda em confiar nos demais, especialmente nas relações, e que prefere valer-se por si mesma. Seguirá primeiro a sua cabeça e logo se aplicará com lógica as opções que tem, antes de confiar em seu coração. A mensagem da Rainha de Espadas é a seguinte: defenda sua independência, valorize a si mesma, siga sua intuição e tente algo novo.

Palavras-chave: Uma mulher do signo do ar. Sabedoria, independência, intuição, assertividade. Desenvolvimento pessoal. Pregar com o exemplo.

Elementos associados: Ar e água. O ar é o elemento natural de quem é vinculado no naipe de Espadas, enquanto que as quatro Rainhas estão ligadas ao elemento emocional água.

Associação astrológica: Libra.

Invertida: Uma mulher que recusou seus sentimentos e alçou um muro entre ela e os demais. Isolamento, intrigante. Uma mulher vingativa.

Rei de Espadas

O Rei de Espadas é um homem atraente de idade mediana, de cabelos castanhos, bigode e barba. Seus olhos são escuros e despertos e tem uma expressão séria e pensativa, como se estivesse planejando seriamente algum assunto. Permanece sentado em um trono com falcões gravados em um desenho entrelaçado. Atrás do trono podemos ver árvores verdes, um céu azul e montanhas desoladas. O Rei de Espadas traz uma coroa de conhecimentos dourada e pontiaguda com pedras de topázio mágico incrustradas. Os topázios trazem a verdade e o perdão e ajudam a iluminar sua senda. Sua armadura é elegante e muito usada, como corresponde a um monarca. Este rei anuncia seu vínculo com o elemento ar mediante uma túnica amarela e uma capa dourada com barra de plumas. Na mão direta sustenta a Espada da verdade, e a luz do sol reluz sobre ela. Está sentado no trono, atento, o que nos dá a impressão de que, em caso de necessidade, agirá rápido e decisivamente. Na outra mão enluvada, o Rei tem um falcão peregrino encapuzado, nela pousado suavemente e esperando com tranquilidade o momento de sair a caçar. O falcão simboliza a rapidez, a precisão e a astúcia, e nos anima a ficar preparados para agir no momento oportuno a fim de obter êxito.

Significado

O Rei de Espadas é uma figura autoritária. Quando aparece em uma leitura, fique consciente de que suas ações poderão ser expostas a juízo. Esta é a carta dos governadores, líderes, administradores de justiça. Está vinculada com o Imperador e a Justiça, já que o próprio Rei de Espadas está relacionado com dirimir o que é correto e o que não é e também com a integridade pessoal e a honra. Esta carta leva-o a se questionar serenamente sobre a sabedoria das suas decisões pessoais e anuncia-lhe que chegou o momento de transformar seu conhecimento em ação. Este homem vê o mundo em branco e preto; para ele não há sombras cinzentas. Tem êxito, é inteligente, reservado e algo intelectual. Tem boa cabeça para os negócios e poderia ser membro das forças armadas, guarda de segurança, detetive ou agente de polícia. O Rei de Espadas também representa um homem maduro de cabelos e os olhos escuros, o que valoriza sua integridade acima de tudo. Confia especialmente no seu sentido comum e crê apenas no que possa provar. Como os melhores soberanos, é um líder sábio e justo que julga porque deve fazê-lo e que está pronto para defender seu reino, se assim requer a situação.

A lição do Rei de Espadas é transformar seu conhecimento em ação, enquanto continue sendo honrado e justo.

Palavras-chave: Um homem do signo do ar. Autoridade, um líder justo, juízo. Justiça, razão, lógica, verdade. Ética, honra, transformando com presteza o conhecimento em ação.

Elementos associados: Ar e ar. O ar é o elemento natural relacionado com o naipe de Espadas. Mesmo assim, os quatro Reis estão associados com este elemento, sábio e racional.

Associação astrológica: Aquário.

Invertida: Alguém crítico e arrogante. Um homem dominante, cruel. Um indivíduo perigoso.

Paus

*Os paus significam o desejo de crescimento,
a inspiração que move as coisas,
o desejo que guia o caminho.*

Mary K. Greer

Este baralho baseia-se no *Tarô Rider-Waite-Smith*, que vincula o naipe de Paus com o fogo e com todas as associações mágicas que derivam deste elemento. Os Paus têm a ver com o entusiasmo, a confiança e a ambição. No *Tarô das Bruxas*, os Paus em si são um ramo florido de espinhos adornado com fitas vermelhas.

O espinho é uma árvore mágica, associada ao elemento fogo, e é essa a razão pela qual se escolheu para este naipe. Suas flores são usadas nos encantamentos de proteção ou de fertilidade. O espinho, às vezes, chamado "abrolho", é parte da trindade mágica das árvores das fadas. O carvalho, o freixo e o espinho formam essa tríade. Na linguagem floral, as fragrantes flores de espinho simbolizam a esperança. As cartas de Paus ilustram um caminho à compreensão por meio da ação física, o movimento e o otimismo. Ilustram o poder da aventura, da paixão e do entusiasmo, o desejo de criar. Por último, este naipe, com frequência, associa-se com a carreira e os negócios. Corresponde aos nascidos sob um signo arisco: Áries, Leão e Sagitário. Fisicamente, representa gente de pele muito branca, de cabelo loiro-claro ou ruivo e de olhos claros, azuis ou verdes.

Os indivíduos que se sentem atraídos pelo naipe de Paus costumam ser atléticos, entusiastas, carismáticos e extrovertidos; com seus atos vão abrindo o caminho. São os lutadores e os inovadores do mundo.

Ás de Paus

Está amanhecendo e vemos um galho de espinho plantado firmemente na verde colina. O galho lembra ligeiramente o naipe do pau de sebo com suas fitas de um vermelho vivo, entrelaçadas e as pontas agitando-se com a brisa. De acordo com a tradição, era precisamente o abrolho, a árvore que se usava para fazer o pau de sebo. Atrás do galho, há verdes montanhas onduladas e um castelo com suas torres sobre uma colina que representa a recompensa que o aguarda quando sua busca por conhecimento e progresso estiver concluída. O espinho associa-se ao elemento fogo e por isso é apropriado que represente os Paus neste *Tarô das Bruxas*. As flores do espinho que brotam nesta vara representam ideias que emergem em nossas mentes. Na linguagem floral, a flor do espinho simboliza a esperança. Uma mariposa de um vermelho intenso revoa de um lado da vara, como símbolo da transformação, da regeneração e da alegria. Será um dia precioso e muito produtivo.

Significado

O Ás de Paus é a forma mais poderosa e pura do elemento masculino fogo. A carta mostra o fogo criativo ou a energia que não se pode conter e agora está surgindo em forma de broto. Ajuda a revelar a senda criativa ou profissional em que se encontra. Seu duro trabalho está transformando suas ideias numa realidade próspera. Esta é uma carta de bom augúrio se o consulente estiver projetando novo trabalho ou dependendo de uma ascensão. O Ás de Paus simboliza poder, recomeço, nascimento, êxito, nova casa ou trabalho, promoção, ambição, paixão, entusiasmo e crescimento.

Palavras-chave: Criatividade, valor, otimismo. Ambição, carreira e negócios, começos positivos, nascimento, transformação ou nova casa. Seu esforço está fazendo com que suas ideias se transformem em realidade próspera. O elemento fogo.

Invertida: Decepção. Não ser capaz de ver a felicidade que está justamente diante de si. Falta de direção e de clareza de objetivos. Energia e talentos mágicos esgotados.

Dois de Paus

Um homem de cabelo avermelhado está contemplando a água ao entardecer. Traz um abrigo dourado com debruns de pele e uma capa de cor de cobre em pó. Trata-se de uma pessoa rica e próspera. Permanece diante de um muro de pedra que lhe chega à altura da cintura. Na mão esquerda traz uma vara florida de espinho. Na direita há uma segunda vara apoiada em vertical sobre um muro de pedra. Parece que o homem sustenta o mundo na palma de sua mão direita; não obstante, segue olhando a distância como se estivesse buscando algo mais. Sente-se preso por suas decisões? Ao longe, na ilustração, vemos dois barcos no mar e montanhas no horizonte. Os barcos e o mar simbolizam as esperanças e os sonhos do homem para o futuro. Está se preparando para uma mudança favorável. À beira do muro de pedra há um gato de três cores, sentado comodamente junto ao homem como se contemplasse os barcos com ele. Crê-se que estes felinos dão boa sorte e que suas cores representam a Tripla Deusa. O gato de três cores é o aliado e o amigo deste homem, assim como um símbolo da orientação de um mentor, o apoio e o conselho amistoso que o guiarão para alcançar o êxito.

Significado

A carta representa êxito parcial. Ainda que possa pensar que tenha o mundo na palma das mãos, talvez você ainda não tenha muito claro quais serão seus próximos passos. Estas circunstâncias produzem-se quando ascensão ou avanço inesperado em sua carreira o leve a se sentir inseguro sobre o que vai fazer depois. Experimenta um êxito parcial e parece que sente que está no ponto intermediário da rota para suas metas. Tem de escolher e tomar decisões importantes. Mas olha ao redor: conta com a ajuda, o apoio e os bons conselhos de um mentor. Ouça-os e desfrute deste novo negócio ou oportunidade de emprego. Por último, esta carta pode simbolizar uma aliança empresarial com bons resultados.

Palavras-chave: Preparo para uma mudança favorável. Êxito parcial. Bom conselho de um mentor. Aliança empresarial com excelentes resultados.

Invertida: Possível atraso, promessas não cumpridas. Indecisão, desencanto.

Três de Paus

Na imagem, um homem de cabelos castanhos contempla o mar e o horizonte do alto de um alcantilado. Seu elevado e estratégico ponto de vista permite-lhe ver o panorama geral. Na mão esquerda sustenta um galho de espinho florido e decorado com laços. Justo às suas costas há outros dois galhos altos plantados no solo a lhe oferecer apoio. O homem tem uma fita ao redor da testa para que o cabelo não lhe tape os olhos e permita manter assim visão clara do futuro. Veste uma túnica laranja e uma exuberante capa vermelha; estas cores fortes conectam visualmente com o elemento fogo, que corresponde ao naipe de Paus. O jovem observa o mar sereno por onde navegam dois navios ao longe, como se estivesse aguardando a chegada de seus barcos. Talvez espere para abordar uma dessas naves e embarcar pela aventura de explorar o desconhecido. Olha e espera afanosamente e deixa que os acontecimentos se desenrolem. Esta é uma carta emocionante, cheia de possibilidades e êxito iminente. O céu brilhante e o mar sereno que ilustram o Três de Paus mostram que é uma carta otimista e que o futuro é promissor.

Significado

Em uma tiragem, O Três de Paus representa tempo de esperança. O consulente pode estar esperando notícias acerca de um projeto ou uma proposta. O tema geral desta carta é o otimismo e a espera ativa. Mostra o começo de um projeto e a esperança que vem do fazer planos para nova carreira ou vida. Lembra de que tudo permanece sempre em movimento: não há estagnação, pois a mudança é constante. O Três de Paus costuma representar a pessoa que recebe a leitura. Também pode ser interpretada como um pequeno empurrão para que tome uma postura de liderança no trabalho ou na reunião de bruxas. É este um tempo de expansão e crescimento. Seja como a figura do Três de Paus: mantenha-se vigilante e deixe que os acontecimentos se desenrolem. Há uma razão para ser otimista e ter esperança: o futuro apresenta-se promissor.

Palavras-chave: Espera ativa. Tudo está em contínuo movimento. Expansão, crescimento. Tomar o papel de líder. Não perder de vista os objetivos. O futuro apresenta-se promissor.

Invertida: Expectativas pouco realistas. Conflitos com os companheiros de trabalho. Posturas espirituais que chocam com as dos demais membros da assembleia de bruxas.

Quatro de Paus

Na imagem, há quatro varas de espinhos, grandes e altas, plantadas na verde relva, formando um grande quadrado. Delas pendem as longas fitas vermelhas que a brisa move. Há uma exuberante e bela grinalda de flores estendida sobre as quatro varas, criando uma espécie de parreira. Quatro mulheres, que representam os quatro elementos, dançam sob a parreira. Todas trazem um ramo de flores. A mulher vinculada com o fogo é ruiva e veste uma túnica de intensa cor amarela, feito uma chama. Traz um ramo de flores vermelhas que simbolizam a paixão e a energia. A segunda bailarina, que representa o elemento água, é loira e veste uma túnica real azul. Leva um ramo de rosas brancas, como símbolo das emoções amorosas.

A terceira dama, que representa o elemento ar, tem o cabelo castanho-escuro, veste uma túnica de cor açafrão e traz um ramalhete de rosas amarelas. Suas rosas, da cor da luz do sol, simbolizam a amizade e a felicidade. A quarta mulher, que tem cabelo castanho-dourado e veste uma túnica verde, representa o elemento terra. Leva um simples ramo de folhas e margaridas, que significa crescimento e carinho. Todas as flores da guirlanda suspensa sobre as bailarinas elementais correspondem ao elemento fogo. O girassol traz fama e êxito; a calêndula, o afeto e o sol e os cravos vermelhos, fascinação, saúde e amor. Ao fundo, o céu é de um amarelo ensolarado ao amanhecer e pode ver-se um castelo que representa segurança e metas que se conseguem. Um gato branco e amarelo está sentado solenemente em primeiro plano, como uma sentinela, na base de uma das varas. Os gatos são unidos ao elemento fogo e esses pequenos felinos parecem ser o encarregado de vigiar o ato.

Significado

O Quatro de Paus ao bailar em uma leitura, prepare-se para a festa! Esta carta indica celebrações como as festas de fim de ano, uma graduação, um aniversário, um sabbat ou uma despedida de solteiro. Pode tratar-se de uma comemoração com a família ou com uma assembleia de bruxas. O Quatro de Paus costuma interpretar-se como uma carta de fertilidade, o que a conecta com o sabbat de Beltane. Anuncia um tempo de compartilhar alegria e diversão com os demais. Pode representar também um tempo de criatividade e liberdade de expressão.

Palavras-chave: Celebração, regozijar-se por uma circunstância feliz. Liberdade, festas, despedidas de solteira, celebrações do sabbat. Fertilidade, criatividade, liberdade de expressão.

Invertida: Inclusive quando está invertida segue mantendo sua mensagem positiva, só que agora, a celebração é uma grande surpresa. De qualquer modo, ainda que já soubesse, trate de fingir que o surpreenderam!

Cinco de Paus

Cinco imponentes dragões estão se lançando à batalha através das nuvens. Cada um dos ginetes, de acordo com a ilustração, que os monta traz uma vara florida de espinho. Um dragão é roxo, para representar o espírito; outro azul, em representação da água; outro verde, pela terra; outro mais verde e dourado, pelo ar e por último, outro vermelho brilhante pelo elemento fogo. Os dragões têm a reputação de serem selvagens e ferozes, mas também, sábios e mágicos, tudo ao mesmo tempo. A aparência muito distinta de cada um dos ginetes oferece uma pista do verdadeiro significado desta carta. Três deles trazem armadura e parecem muito veementes, com posturas agressivas, enquanto que os outros dois parecem voar com mais calma, como se quisessem ver a que se deve todo o alvoroço. Isto nos mostra um choque de personalidades e conflitos.

Significado

Em uma leitura, o Cinco de Paus mostra-lhe que há pequenos aborrecimentos e disputas com que se vê obrigado a lidar. Todos têm uma opinião distinta e querem ser ouvidos. Esta carta simboliza rixas entre membros de uma assembleia de bruxas, amigos ou companheiros de trabalho. Indica que aguarda dificuldades e que terá de ser muito claro na hora de explicar seus objetivos e desejos aos demais. Pode haver pequenos problemas no trabalho ou em competições. Arme-se com valor e esforce-se um pouco por resolver seus problemas e verá resultados favoráveis.

Palavras-chave: Competição, conflito, desacordos, desafios. Pequenos conflitos no trabalho ou nas reuniões de bruxas. Empenhe-se mais para resolver seus problemas e obterá resultados muito positivos.

Invertida: Rivalidade, interrupção dos seus planos. Graves choques de personalidade e inveja em sua assembleia de bruxas. Conflito sério em seu lugar de trabalho. Jogos de poder.

Seis de Paus

Um orgulhoso guerreiro regressa triunfante da batalha. Ao fundo, na imagem, atrás do ginete pode se ver outras cinco varas, como se as levasse uma multidão que o cavaleiro vai deixando atrás na sua passagem. No fundo, o céu é azul e um sol brilhante resplandece sobre o ginete e o cavalo. O guerreiro está cansado, mas parece contente de voltar para casa. Veste uma armadura dourada que denota seu status e uma túnica de cor vermelho-fogo com um bordado de nós dourados que representa os dragões, a criatura elemental do fogo, entrelaçados uns com os outros como símbolo do ciclo interminável da natureza e da vida. A capa vermelha e ondeante do homem tem nós dourados no debrum e está pendurada sobre o lombo do seu cavalo pardo. A capa de desfile do cavalo é também de vermelho brilhante e traz estampado em um jogo o motivo de um dragão. Estas cores vibrantes e agressivas da armadura, a túnica e a capa do guerreiro indicam orgulho e logros. O soldado sustenta na mão direita uma longa vara de espinho florido. Unida a ela com uma fita vermelha há uma coroa de laurel verde que simboliza seu regresso triunfante. Tradicionalmente, a coroa de laurel é um símbolo do favor de Deus. Na linguagem das flores, anuncia uma façanha. Os dragões, naturalmente, estão associados ao elemento fogo. O que aparece representado nesta carta é simbólico. Os dragões foram populares nos escudos de armas, já que estão vinculados à coragem, à liderança e à superação dos obstáculos.

Significado

Esta é uma carta da vitória que simboliza sucesso, conhecimento, elogios, êxito, consecução de um objetivo e prêmios bem merecidos após o duro esforço. Pode superar qualquer obstáculo, se houver empenho. Também nos lembra de que deve ser paciente. Talvez sejam momentos duros, mas poderá superá-los e sair vitorioso se prosseguir tentando.

Palavras-chave: Vitória, logro. Reconhecimento de um labor bem feito. Felicitações e êxito. Conclusão de um objetivo após muito esforço.

Invertida: Atraso de um projeto. O êxito não chega. Não se reconhece seu esforço. Estar bloqueado em algum aspecto de sua vida.

Sete de Paus

Um jovem ágil e atlético sustenta frente a seu peito uma vara florida de espinhos. Atrás dele há alcantilados que representam o desconhecido, mas o céu está se iluminando e as nuvens movimentam-se. Isto oferece uma pista visual de que tudo vai sair bem. O jovem, que se veste de amarelo-dourado, laranja e vermelho para ajudar a estabelecer uma conexão visual com o elemento fogo, está lutando. Confiante, ataca outras varas, como se desfrutasse do desafio. É independente, astuto e mais do que capaz de enfrentar qualquer desafio que a vida lhe imponha. A carta simboliza a adrenalina, o entusiasmo e a ambição. O jovem não tem apenas a vontade de triunfar, mas também agradece a oportunidade de pôr suas aptidões mentais, físicas e mágicas à prova.

Significado

Em uma tiragem, o Sete de Paus indica que está a ponto de enfrentar um desafio e de que além do mais, provavelmente, desfrutará disso ao fazê-lo. Pode ser um tipo de prova pessoal em que aceita o risco só por diversão e para ver até onde alcançam suas aptidões, sejam mágicas ou comuns. Nesta carta apreciamos o uso dos músculos, o autocontrole e a graça dos movimentos. Seu entusiasmo, ambição e talento podem servir-lhe muito. Esta carta aparece em uma leitura para assegurá-lo de que irá superar os obstáculos e se elevará acima deles com elegância, engenho e humor.

Palavras-chave: Adrenalina, entusiasmo, ambição. Um desafio. Pôr à prova suas aptidões. Superar obstáculos mágicos ou mundanos com elegância, engenho e humor.

Invertida: Falta de confiança, ansiedade, indecisão.

Oito de Paus

Oito varas de espinho floridas adornadas com fitas vermelhas descem de um belo céu azul. A distância vemos um lago prateado, um vale verde e montanhas. Há um forte contraste entre a serenidade do fundo, de acordo com a ilustração, as oito varas que surgem velozmente ante nossa visão. As oito varas estão, por assim dizer, regressando à terra. Esta carta é básica e simples, no melhor dos sentidos, o mesmo que seu significado. Significa movimento e manifestação.

Significado

Ao entrar em uma tiragem, O Oito e Paus indica que os projetos, em atraso, estão chegando à fase de conclusão. Esta é uma carta positiva e excitante, repleta de emoção e de ação. Os conjuros lançados se manifestarão agora, felizmente. Com frequência indica uma viagem de negócios ou de prazer, habitualmente pelo ar. O Oito de Paus pode significar também comunicação à longa distância, entre sócios de negócios. Este é o momento de ideias novas e de criatividade, e a ação rápida e decisiva está na ordem do dia.

Palavras-chave: Movimento, ação. Projetos concluídos rapidamente. A manifestação positiva de um encantamento. Viagens imediatas de negócio ou lazer por ar. Comunicação à longa distância.

Invertida: Alguma situação estagnada. Feitiços que ficam estancados. Problemas com viagens aéreas. Voos cancelados.

Nove de Paus

Uma mulher de aspecto forte e decidido está vestida de vermelho com um grande dragão heráldico bordado no centro de sua túnica. Junto à garganta, traz um pentagrama de prata como amuleto de proteção. Seu cabelo é de uma cor vinho tinto escuro e sustenta, sem esforço, em diagonal frente a seu corpo, como se fosse uma lança, uma vara florida de espinho. Suas calças são resistentes, de cor marrom e suas botas, de pele. Bruxa e guerreira está, por sua vez, preparada para defender seu território. Atrás dela, na ilustração, formando uma espécie de barreira, há oito varas plantadas na verde relva. Ao fundo, vê-se a bela imagem do sol ocultando-se entre as montanhas e projetando longas sombras sobre as ervas e as flores. O sol poente simboliza que a prova da guerreira está a ponto de chegar a um final feliz e que sua diligência valeu a pena. Na base das varas, floresce aqui e ali a erva de São João, associada ao fogo e ao sabbat dos mediados do Verão e ainda mais, simboliza proteção física e mágica.

Significado

Em uma leitura, o Nove de Paus avisa-nos para estarmos alertas ante algum problema, má conduta, fofocas ou magia nociva. Deve permanecer em atitude vigilante para se proteger e prteger a sua reputação profissional ou mágica. Talvez tenha de se defender, assim, permaneça alerta, sempre em guarda. Brio, valentia e convicção são necessários neste momento. Pode ser que seja necessário um trabalho de proteção mágico. Talvez sinta que não tenha força para enfrentar mais problemas, mas mantenha-se firme e forte. Defenda seu território e sua reputação com habilidade e vigor. O naipe de Paus tem a ver com a criatividade e a ambição: pode fazê-lo. Estabeleça limites, recorra a seus recursos internos e mantenha-se firme.

Palavras-chave: Brio, valentia, proteção. Tem de estar alerta aos problemas. Proteja-se e a sua reputação. Seja forte, permaneça em guarda. Pode ser que precise de um trabalho de proteção mágica

Invertida: Paranoia, medo do fracasso, sentimento de menosvalia. Recorre aos demais a fim de ser resgatado, quando na realidade deveria recorrer a si mesmo.

Dez de Paus

Vemos um homem de mais idade que parece afastar-se de nós, viajando por uma descuidada senda em direção a um castelo. Leva um fardo de Dez varas floridas de espinho sobre o ombro esquerdo. Está ligeiramente encurvado, como se a carga fosse mais pesada do que pode aguentar. O homem veste uma bela capa vermelha de viagem com dragões entrelaçados, as criaturas elementais do fogo, no tom cor laranja-dourado, às costas. Não podemos ver seu rosto, mas parece que tem a cabeça voltada para o castelo, seu objetivo principal. O castelo representa tradicionalmente a recompensa que o aguarda depois de concluir sua busca de conhecimento e progresso. Mas não podemos evitar a pergunta: Será capaz de chegar ao final do caminho com uma carga tão pesada às suas costas? O céu azul e as formosas nuvens mostram-nos que seu entorno não tem nada a ver com o transe pelo que está passando; ele mesmo escolheu transportar essa carga de uma só vez e por si só.

Significado

Em uma tiragem O Dez de Paus significa advertência de que está se ocupando de muitas atividades ao mesmo tempo. Sua rotina e atividades converteram-se numa carga com que já não pode mais. Talvez desfrute de se encarregar de tantas coisas distintas e de ter uma vida social ativa, mas na verdade é que se sente aflito com as exigências do trabalho, da família ou dos membros da sua reunião de bruxas. A carga de Dez varas de espinho desta carta na realidade representa ter uma quantidade excessiva de algo positivo: ainda que suas intenções tenham sido nobres, há uma abundância excessiva de energia criativa e tem mais frentes abertas das que pode atender. Deve desprender-se de algo. Solte algumas dessas varas para poder cumprir elegantemente sua missão e seus objetivos. Aprenda a delegar no mundo dos negócios, na sua vida pessoal ou na assembleia das bruxas, ou terá problemas para alcançar satisfatoriamente suas metas.

Palavras-chave: Muitos compromissos, falta de tempo. Sentir-se aflito e levando uma carga muito pesada. Deve se deter e escolher do que pode prescindir e o que é vital.

Invertida: Carga psíquica, esgotamento físico. Opressão. Uma carga que pode prejudicá-lo.

Pajem de Paus

O jovem Pajem de Paus está de viagem. Ao fundo vemos montanhas e um céu azul brilhante. É um adolescente de cabelo ruivo-escuro e olhos cinzentos. Traz roupas resistentes de viagem, uma ligeira túnica dourada e uma capa de um vermelho-vivo. O elemento fogo vem representado pelas cores cálidas de sua roupa e por seu pingente dourado. Ao redor do pescoço traz um grande medalhão com a forma e as cores de um girassol. Na mão direita, leva uma vara florida de espinho, à moda de bastão, com uma fita vermelha enrolada. A mão esquerda está levantada em forma de concha, à certa distância do rosto, como se estivesse lançando um grito. A expressão do jovem não dá lugar a dúvidas de que está gritando com toda a sua força. É um mensageiro que assumiu seu trabalho seriamente e com muito empenho. O Pajem de Paus leva entusiasmo e felicidade aonde vai. Acompanhando-o em suas viagens, vemos um gato atigrado laranja que corre alerta ao seu lado. Os gatos associam-se tradicionalmente ao elemento fogo e este sábio felino laranja é uma companhia adequada para nosso Pajem, enquanto este viaja pelo mundo e compartilha suas boas notícias. O girassol está vinculado à magia solar, ao êxito e à fama. As matas de era que crescem a cada lado do Pajem de Paus e seu gato simbolizam a boa sorte e afastam a negatividade.

Significado

Esta é uma carta de bons augúrios e alegria. Quando o Pajem de Paus se anuncia em uma leitura, prepare-se para boas notícias e momentos emocionantes. Normalmente, estas notícias virão de uma pessoa mais jovem. Preste atenção em alguém jovem de cabelos ruivos. O Pajem de Paus poderá estar anunciando nova oportunidade de trabalho, ascensão ou também o iminente nascimento de uma criança (especialmente se o Ás de Copas também aparece na tiragem). Espere um convite ou uma oportunidade. O Pajem de Paus grita-lhe em um ímpeto sua mensagem: chegou o momento em que deve usar sua imaginação e sua determinação para alcançar seus objetivos de êxito.

Palavras-chave: Empenho, mensageiro. Espere notícias boas e emocionantes para breve, no geral de alguém mais jovem. Determinação e imaginação. Um convite ou uma oportunidade.

Elementos associados: Fogo e terra. O fogo é o elemento vinculado ao naipe de Paus, enquanto que os quatro Pajens estão associados ao elemento prático terra.

Invertida: fofocas no trabalho. Rumores e indiretas. Más notícias.

Cavaleiro de Paus

O Cavaleiro tem uma grande confiança em si e, com a moral muito alta, vem em sua direção. Veste uma armadura dourada e monta um cavalo branco a todo galope. Na mão direita sustenta uma vara alta de espinho florida e uma fita vermelha que sobressai dela, agita-se ao vento. O casco do Cavaleiro traz a viseira levantada para que possamos ver seu rosto e algumas mechas de cabelos ruivos-claros. Não tem medo, sua expressão é intensa e apaixonada. O Cavaleiro de Paus veste nesta aventura uma capa solta de um vermelho brilhante que se agita atrás dele. Ao fundo da ilustração, vemos um belo céu de verão ao entardecer, um lago e três picos de montanhas.

O leão heráldico que traz na túnica e na capa de desfile do cavalo simboliza a valentia e a força. Este animal é tradicionalmente associado ao fogo, e as cores vermelha e dourada da vestimenta do cavaleiro são outro sinal do elemento de que extrai sua paixão e sua intrepidez. Esta carta é um símbolo de rapidez, aventura e ação.

Significado

Quando o Cavaleiro de Paus entra aturdindo em sua vida, traz mudança, atividade emocionante e alvoroço. Esta é a carta do movimento: espere o inesperado. Pode esperar mudança de trabalho ou mudança de casa nova. Talvez se lhe apresente uma oportunidade para viajar. A viagem pode ser a negócios já que o naipe de Paus está frequentemente relacionado com a carreira e com o mundo laboral. Anuncia um tempo de energia, decisões ousadas, ação e aventura. Também pode se referir a um enérgico, feroz, obstinado e entusiasta jovem de cabelo vermelho e olhos claros que está a ponto de entrar em sua vida, de modo que fique atento. O destino do Cavaleiro de Paus é abraçar a mudança, aventurar-se e desfrutar da viagem.

Palavras-chave: Aventura, mudança, confiança, entusiasmo, paixão. Viagem de negócios. Decisões ousadas. Movimento. Novo trabalho, nova casa.

Elementos associados: Fogo e fogo. O fogo é o elemento natural com que se relaciona o naipe de Paus, ainda que os quatro Cavaleiros estejam associados ao elemento energético do fogo.

Associação astrológica: Sagitário.

Invertida: Pressa, assumir riscos perigosos. Confusão. Um projeto interrompido ou desencaminhado.

Rainha de Paus

A Rainha de Paus reclina-se em seu trono estilizado de girassol. Tem olhos azuis-claros e um brilhante encaracolado cabelo vermelho. Porta uma coroa dourada com rubis vermelhos. Esta rainha encantadora e alegre segura na mão direita uma vara alta de espinho florido, de onde saem pedaços de fita vermelha. Está rodeada de uma representação de chamas que abraçam visualmente o agreste elemento de que logra seus poderes. Esta rainha a atrai pela força de suma personalidade. É a mãe que dá o consolo, a amiga generosa, a amante apaixonada e a soberana capaz, sofisticada e inteligente, tudo em uma só pessoa. A Rainha de Paus veste uma túnica de um amarelo-brilhante, com decote quadrado e um debrum vermelho na parte baixa das mangas, soltas, em forma de sino. Ao redor da garganta traz um rico colar de ouro e rubis de formato oval. Estas pedras preciosas, que também podem vistas em sua coroa, outorgam energia e paixão, duas qualidades que a fera rainha tem em abundância. No braço esquerdo descansa um pequeno ramo de girassóis vermelhos e amarelos, com centros de cálido marrom e caules verdes, em que se podem ver algumas folhas em forma de coração. Na linguagem das flores, o girassol anuncia confiança e elegância. No uso mágico das plantas emprega-se o girassol nos feitiços para o êxito e a fama. No regaço da rainha vemos um animal totêmico, um gato macho de cor laranja, que é o centro de atenção e que parece estar a ponto de se abandonar a uma sesta.

Significado

A presença de A Rainha de Paus em uma leitura significa respirar fundo. Agora é que começa a diversão. Esta carta é sinônimo de energia, entusiasmo e paixão. Com frequência simboliza uma mulher bela de olhos claros que ama seu lar, sua família e seus animais domésticos. É algo insolente, divertida, cálida, carinhosa e travessa. É capaz de fazer uma infinidade de tarefas de uma só vez, e com frequência está envolvida em vários grupos ou comitês. É intensa e apaixonada, mas com bom-senso de humor. É muito difícil fazê-la perder o controle dos nervos, mas uma vez que os perca, transforma-se em impressionante força da natureza. Esta carta registra uma mulher do signo de fogo, uma bruxa com grande talento e uma líder natural. A Rainha de Paus pode ser uma Grande Sacerdotisa ou uma dirigente da comunidade mágica. A mensagem da Rainha de Paus é a seguinte: lar, família, magia e carreira, você pode ter tudo. Simplesmente, deixe que sua paixão pela vida e sua energia criativa e espiritual preencham-na e abram caminho.

Palavras-chave: Uma mulher do signo de fogo. Uma mulher que é generosa na hora de proporcionar seu afeto e tem êxito na família, no lar e na profissão. Uma bruxa de grande talento e líder natural de um grupo mágico. Capaz de abarcar várias tarefas, assumir vários compromissos ao mesmo tempo. Popular, aberta, divertida, encantadora, alegre, com classe.

Elementos associados: Fogo e água. O fogo é o elemento natural relacionado com o naipe de Paus, enquanto que as quatro Rainhas estão associadas com o elemento emocional da água.

Associação astrológica: Áries.

Invertida: Teimosia, ira. Uma mulher manipuladora. Fazer promessas e não cumpri-las. Um indivíduo que ama criar conflito.

Rei de Paus

Um homem atraente de idade mediana de cabelo avermelhado está sentado em um trono dourado. Seus olhos claros, azuis são diretos, e está sorrindo levemente. O Rei de Paus inclina-se para você, cheio de entusiasmo, energia e generosidade. Está interessado no que possa dizer-lhe e quer participar de seus planos e metas. Veste uma túnica vermelho-real com um leão rampante dourado no peito. Na heráldica, o leão representa realeza, valentia e poder.

Sua capa é refinada, como deve ser a capa de um rei e tem a cor das chamas. Sua coroa é grande e dourada, com rubis incrustados. Na magia com cristais estas pedras preciosas são usadas para aguçar a mente e intensificar a percepção. Ao redor do peito traz uma corrente em cadeia também feita de ouro solar e com rubis engastados. Na mão direita sustenta uma vara de espinho florida, de onde saem fitas vermelhas.

Ao fundo, o céu é de um amarelo e vermelho brilhantes, como se o sol estivesse saindo e mostrando todas as novas possibilidades do dia que nasce. Este rei governa com autoridade, paixão, honestidade, integridade e generosidade. Como se pode ver claramente, tem dificuldade para permanecer em seu trono dourado de leão. É um homem ativo, que se sente melhor quando está resolvendo os problemas na linha de frente.

Significado

Ao surgir o Rei de Paus em uma tiragem, prestar atenção a um homem loiro do signo de fogo. É um homem de negócios (um líder, uma personagem importante) aberto, direto, encantador e seguro de si mesmo, que pode fazer tudo: um "superpai". Tem êxito profissional, é o treinador da equipe de futebol dos seus filhos e mantém seu matrimônio vivo, tudo ao mesmo tempo. Este homem é mais feliz quando está envolvido em muitas atividades ao mesmo tempo. É fiel, apaixonado e de confiança, ainda que se frustre ou se enfade, custa-lhe muito controlar seus nervos. Esta carta também representa a expressão criativa e o fato de defender as ideias e os sonhos dos demais. Pode descobrir que há um investidor ou sócio para sua futura empresa muito mais próximo do que crê, ou que você mesmo possa ser o ardente seguidor de outro. A criatividade e os talentos artísticos estão em seu momento culminante. A lição do Rei de Paus é que a energia e o entusiasmo o ajudarão a alcançar suas metas artísticas e criativas. Seja generoso e compreensivo com aqueles que o rodeiam.

Palavras-chave: Um homem do signo de fogo. Um superpai. Personagem importante. Pessoa encantadora, aberta, enérgica e generosa. Ser o mentor de alguém. Entusiasmo, expressão artística, criatividade.

Elementos associados: Fogo e ar. O fogo é o elemento natural associado ao naipe de Paus, enquanto que os quatro Reis estão relacionados com o sábio e reflexivo elemento ar.

Associação astrológica: Leão.

Invertida: Arrogância, avidez. Atribuir-se o mérito ao esforço ou às ideias de outro. Um indivíduo egocêntrico.

Pentáculos

*Na antiguidade o pentáculo significava 'vida' ou 'saúde'.
Continua sendo o signo do elemento terra
no naipe de pentáculos do tarô.*

Barbara Walker

O naipe de Pentáculos, ou ouros, simboliza o elemento terra e todas as associações mágicas que surgem dele: o poder e a magia da natureza, a prosperidade e a segurança. As cartas de Pentáculos florescem e crescem ao longo de uma senda que leva à compreensão mediante o trabalho, a estabilidade e a segurança. Este naipe representa a influência da magia natural, a encantadora beleza e o poder da natureza, as relações estáveis, os lares transbordantes de amor e o espírito prático, e explora os resultados da criação acabada. Os Pentáculos representam esta manifestação. Simbolizam ainda a constância e os cinco sentidos físicos do mundo material.

Este naipe está, igualmente, ligado aos nascidos sob um signo zodiacal da terra: Touro, Virgem e Capricórnio. Fisicamente, as cartas da Corte representam pessoas de pele escura e olhos castanhos ou de um tom avelã. Os indivíduos que se sentem atraídos pelo naipe dos Pentáculos podem ser realistas, sensuais, práticos e centrados e sentem afinidade com o mundo natural. São as pessoas que cuidam dos demais, os anfitriões, as mães de família, no melhor sentido do termo.

Ás de Pentáculos

Na ilustração, um grande Pentáculo dourado flutua no ar. O céu do fundo tem uma cor rosada do amanhecer e atrás do Pentáculo há nuvens douradas e rosadas. O precioso Pentáculo apresenta na sua superfície um desenho de folhas e está rodeado por trepadeiras de madressilvas em flor do jardim. A madressilva é uma trepadeira tenaz vinculada ao elemento terra e ao Planeta Júpiter. É uma erva poderosa usada nos feitiços de prosperidade e boa sorte, o que a faz muito apropriada para aparecer neste naipe do mundo. As trepadeiras de madressilvas em flor são símbolos de oportunidades novas e muito atraentes. Esta é uma das cartas mais positivas do baralho do tarô, já que indica prosperidade, fertilidade, riqueza, estabilidade e crescimento. Também simboliza a manifestação positiva e real da sua magia no mundo físico.

Significado

O Ás de Pentáculos é a forma mais potente e pura do elemento feminino terra. Este Ás mostra-nos toda a abundância que representa o naipe de Pentáculos. Seja criativo e ponha todas essas ideias em ação para alcançar o êxito material. Como Pentáculo que está flutuando no ar, tradicionalmente, a interpretação desta carta costuma sinalizar que o dinheiro pode manifestar-se em sua vida como se saísse do ar. E é verdade que pode representar um dom ou uma oportunidade surgida do nada que aparece de repente em sua vida. Não obstante, de um modo mais realista, esta carta (por ser a forma mais pura do elemento terra) lembra-o de que ponha os pés no chão e use seu sentido comum. Esse espírito prático e sentido comum irão guia-lo à sua magia, para o êxito. O Ás de Pentáculos, ainda, simboliza o desejo de ajudar os outros em nível, por sua vez, mundano e mágico. Indica inclinação permanente e profunda para a beleza da natureza e talento especial para a magia verde.

Palavras-chave: Riqueza, abundância, saúde, felicidade, segurança, boa sorte. Amor à natureza, magia verde e herbanário. Magia manifestada no mundo físico. O elemento terra.

Invertida: Atraso em alguns situações. Cobiça. Problemas com as finanças, falha de um feitiço. Falta de fé nos seus próprios talentos mágicos.

Dois de Pentáculos

Na ilustração, um jovem está fazendo jogos malabares com dois Pentáculos dourados. Vem vestido em tons verdes e marrons, um enlace visual com o elemento terra. Os Pentáculos dourados com que joga estão no ar e acima de suas mãos estendidas, dentro dos laços de um símbolo horizontal do infinito, o mesmo símbolo da lemniscata que aparece nas cartas de O Mago e A Força. O Jovem tem os olhos cerrados, como se fosse tão hábil fazendo malabarismos que não necessitasse, nem sequer olhar os Pentágonos. Esta carta mostra-nos uma pessoa feliz e aberta. Não importa em que entorno se encontre, sempre acha o meio de fazer jogos malabares com as coisas ao seu redor e que lhe saiam bem. Atrás do jovem há um céu azul brilhante, nuvens leves de bom tempo, o mar e um barco navegando entre ondas e correntes. Ainda que as águas sejam agitadas, a nave flui com elas. Este é um aviso para lembrá-lo de que faça o mesmo.

Significado

Em uma leitura a carta sinaliza que é o momento de desenvolver novas aptidões. Não obstante, isto não será um problema para você, já que é esperto em levar várias tarefas de uma vez, com facilidade e desfrutando enquanto o faz. Também indica que possivelmente tenha de escolher entre opções materiais. Esta é a carta das segundas oportunidades, por exemplo, aceitar um segundo emprego. O Dois de Pentáculos, mais do que qualquer outra, refere-se ao desempenho simultâneo de várias tarefas. Além disso, também pode indicar um momento em que há de cuidar do dinheiro. Vigie suas finanças pessoais e equilibre seu orçamento.

Palavras-chave: Multitarefa. Segundas oportunidades, segundo emprego. Vigiar suas finanças pessoais. Equilibrar seu orçamento.

Invertida: Sentir-se agoniado. Falta de concentração. Conta bancária em descoberto.

Três de Pentáculos

Um aprendiz de feiticeiro que veste uma camisa estampada em tom verde-terroso está sentado pensativo ante um velho escritório de madeira. Atrás dele, numa parede de pedra, há um grande vitral em que aparecem três Pentáculos. O jovem estudioso traz uma pluma na mão e cria, pacientemente, um amuleto no pergaminho diante de si. O pentagrama que desenha é uma representação das forças que usa para manifestar sua magia, um símbolo do seu desenvolvimento espiritual. Ainda que o jovem seja um aprendiz, ele usa de forma sábia e criativa seus talentos. Obtém satisfação tranquila e sólida com seu trabalho e com seu avanço no domínio da técnica. Sobre a mesa há mais ferramentas do seu ofício: um tinteiro, uma vela verde acesa, um feixe de ervas frescas e uma garrafa com uma poção mágica borbulhante. Um gato encantado de olhos esmeralda está sentado afavelmente a seu lado e olha o jovem, enquanto o fumo dourado de uma vela de feitiços eleva-se ao teto. Com o tempo, o aprendiz chegará a ser mestre do seu ofício, graças ao seu duro esforço e dedicação.

Significado

O Três de Pentáculos em uma leitura significa que o êxito nos chegará se nele pusermos muita dedicação e esforço. Esta é uma carta positiva de progresso, que o lembra de que deveria aproveitar seus dotes criativos, já que lhe trazem o êxito e o ajudarão a complementar seus ingressos, se assim o desejar. Esta é a carta do autoemprego e da aprendizagem, (daí o tema do "aprendiz de bruxo"). Pode indicar a oportunidade de aprender nova aptidão profissional ou de entrar num programa de formação laboral. O Três de Pentáculos pode também representar aprendizagem mágica. Talvez tenha começado novo curso de estudos mágicos ou talvez esteja se esforçando por subir de categoria na sua assembleia de bruxas. Os demais notarão e apreciarão o muito que se esforça. Agora é o momento de se dedicar a dominar seu ofício.

Palavras-chave: Duro esforço, autoemprego, progresso. A dedicação conduz ao êxito. Usar criativamente seus talentos. Aprendizagem e logros mágicos.

Invertida: Oportunidades desperdiçadas, apatia. Não dedicar tempo aos detalhes. Trabalho infrutífero.

Quatro de Pentáculos

Um homem idoso, de cabelo grisalho e óculos pequenos e redondos está sentado só sobre os degraus frontais de pedra da sua preciosa casa de campo. Veste uma roupa rica e elegante de cor verde e dourada. Atrás dele há uma porta fechada, de madeira, em forma de arco com intrincadas gravações. Uma formosa grinalda de ervas pende sobre a porta. O homem, com ar um tanto receoso, abraça um Pentáculo dourado contra seu peito. Encurva-se sobre outro e guarda com cuidado outros dois mais debaixo dos pés, como se tivesse medo de que alguém os tocasse ou tentasse tirá-los. Sua linguagem corporal grita claramente: "Meus!" Tudo isso lhe faz pensar: Este homem é só um velho avaro miserável?

Ou pode ser que se sinta inseguro, temeroso? Ou talvez sacrificou suas relações pessoais para ter êxito e agora está sozinho?

O mais curioso é que da porta dianteira de sua casa pende uma formosa grinalda de madressilva florida. Costuma-se usar esta erva nos feitiços para a prosperidade. A grinalda em si é um símbolo das estações e ciclos cambiantes da vida, que contrasta com a resistência do homem às mudanças.

Por que se aferra tanto a tais Pentáculos? O que de verdade está guardando? Pôs uma barreira muito alta ao seu redor e não está disposto a atravessá-la para entabular uma relação com ninguém. Talvez devesse ouvir mais de perto a mensagem da guirlanda, porque na língua das flores a madressilva representa a generosidade.

Significado

Quando a carta bate à porta de uma leitura, é sinal de que alguém está se apegando a algo de modo doentio. Talvez seja miserável ou ambicioso e o único que lhe interessa é o seu dinheiro. Ou quem sabe seja obstinado e haja reprimido suas emoções (possivelmente seja este o caso, se a carta de O Ermitão aparece também na leitura).

O Quatro de Pentáculos adverte-o da resistência para mudar. De modo que agora que já sabe, pense que a mudança é positiva: aceite as transformações do seu mundo. Relaxe e respire. Pode haver alcançado suas metas, mas não está desfrutando das mesmas. Lembre-se de que nada está quieto, tudo se encontra em movimento. Aceite e mexa-se! É o momento de descer suas barreiras. Reúna-se com seus amigos e sua família e descobrirá de novo a alegria de viver.

Palavras-chave: Resistência à mudança. Solidão. Barreiras mórbidas. Alcançar suas metas, mas seguir sempre desgraçado. Obstinação. A necessidade de relaxar e aceitar a mudança airosamente.

Invertida: Egoísmo, avareza, acúmulo, monopolização. Medos brumosos com respeito ao dinheiro.

Cinco de Pentáculos

De uma árvore seca pendem cinco Pentáculos dourados. É Inverno e há neve na base da árvore e na ladeira da colina. Galhos desnudos formam um contraste impressionante com a paisagem hibernal. Ao fundo, na imagem, vemos um céu nublado e frio que parece de gelo. Esta carta dos Arcanos Menores pode indicar que se sente isolado, longe da pessoa que o quer, sem amigos, nem outros bruxos. Não obstante, tudo depende de como o veja. Por exemplo, a capa de neve pode simbolizar o isolamento ou, pelo contrário, oferecer-lhe uma visão limpa e fresca de uma paisagem que de outro modo resultaria insonsa. A neve pode ser um sinal de que é o momento de começar do zero. Em primeiro plano, uma solitária campainha branca alça-se através da neve.

A campainha branca é uma flor que simboliza a renovação e o consolo na adversidade, que são as verdadeiras mensagens desta carta.

Significado

Em uma tiragem a carta indica tempo de arar. O consulente pode estar experimentando preocupações econômicas ou sentindo-se isolado de outros que compartilham crenças similares. Pode ter um sentimento de desconexão e isolamento ou perda de fé em si mesmo, ansiedade e estresse, pelo que deve se centrar em superar os maus tempos em vez de se abandonar ao medo e à autocompaixão. A campainha branca é significativa: mostra que a vida segue e que o renascimento é possível. Há ajuda disponível, se a pedir. Não importa o escuro e frio que possa ser o Inverno, a Primavera, o crescimento e as novas oportunidades estão na volta da esquina.

Palavras-chave: Preocupações econômicas. Ansiedade e estresse. Abrir passagem através dos tempos difíceis. Sentir-se apartado ou isolado. Renovação e esperança na adversidade.

Invertida: Perda, tristeza, remorso, arrependimento.

Seis de Pentáculos

Um Cavaleiro amável, elegantemente trajando tons verdes e bronze, distribui seis Pentáculos dourados a algumas crianças pobres. Tem o cabelo escuro e a fisionomia risonha, veste uma capa de veludo esmeralda e brilha, e uma grande pluma na ala do chapéu. No pescoço traz um colar de ouro. Vai coberto com uma capa real. Suas mãos generosas deixam cair seis Pentáculos dourados nas mãos abertas das crianças. Claramente desfruta do momento, ajudando outros menos afortunados do que ele. O fundo é brilhante, luminoso, com abundante relva verde e um belo céu azul, tudo isso como símbolo de um instante de felicidade e prosperidade. As roupas das crianças parecem andrajosas em comparação às vestes do Cavaleiro. Contudo, as expressões dos seus rostos mostram quão ditosos se sentem com a generosidade dos presentes do seu benfeitor. Esta carta, mais do que representar a caridade, é uma ilustração da energia positiva que se troca entre o Cavaleiro e os meninos. Sua verdadeira lição é dar e receber, atos entre os que se encontra um equilíbrio.

Significado

Esta é uma carta de generosidade e presentes recebidos que não têm pelo que serem materiais. Podem se estender uma mão a alguém para ajudá-lo, presenteá-lo com seu tempo, com sua atenção ou inclusive, compartilhar seus talentos com essa pessoa. Tradicionalmente, esta é uma carta de assistência e doação a uma boa causa. Este "presente" pode ser monetário ou de apoio emocional, uma oportunidade de fazer trabalho voluntário ou meio de contribuir para a comunidade. Outro significado é pagar alegremente uma dívida cármica. O Seis de Pentáculos também aparece quando há uma bolsa de estudos à vista. Neste momento está fluindo livremente uma energia abundante, positiva e próspera. É o momento oportuno para a magia da prosperidade.

Palavras-chave: Dar e receber. Generosidade. Compartilhar desinteressadamente seu tempo e seus talentos. Fazer trabalho voluntário ou contribuir para a comunidade. Caridade, bolsas de estudo, pagamento de uma dívida cármica. A energia da prosperidade está fluindo neste momento.

Invertida: Roubo. Sentir-se enganado, estafado. Suspeitar dos motivos do outro.

Sete de Pentáculos

Um homem de cabelo negro encontra-se junto a uma planta verde alta e frondosa. Nela veem-se sete Pentáculos dourados. O jovem apoia o queixo em suas mãos enluvadas e cruzadas. Parece cansado, mas satisfeito enquanto descansa de seu trabalho na terra e deixa-se cair sobre uma ferramenta de jardinagem. Veste roupas de estilo medieval, práticas e resistentes em tons terra-verde, amarelo e marrom – que são adequadas para trabalhar num jardim. Atrás, o céu é azul, limpo e belo e a paisagem em redor é verde e exuberante. Todo esforço, tempo e trabalho que depositou ao cuidar desta planta está rendendo seu fruto. A ferramenta de jardinagem em que se apoia poderia ser uma pá enterrada no solo ou um enxadão oculto sob a abundante relva; de qualquer modo é um lembrete de que há muitas ferramentas disponíveis em sua busca de êxito e prosperidade. É a hora de escolher e utilizar a mais adequada para a tarefa. Invista em si mesmo; todos os seus esforços e duro trabalho renderão maravilhosos frutos, exatamente como sucedeu a este jardineiro.

Significado

O Sete de Pentáculos é a carta da colheita. Quando aparece numa leitura diz de recompensas após um duro esforço que pôs em suas metas e projetos. O naipe de Pentáculos está vinculado à riqueza material e também é o naipe da manifestação. Agora é o momento de se sentar, fazer uma recontagem de tudo o que conseguiu e recrear-se nos frutos do seu labor. Desfrute da satisfação do trabalho bem feito.

Palavras-chave: Colheita, recolher os frutos do seu labor. Satisfação pelo trabalho bem feito. Apreciação. Duro trabalho igual a recompensas abundantes.

Invertida: Oportunidades desperdiçadas. Momento de recomeçar. Decepção.

Oito de Pentáculos

Ao anoitecer, uma bruxa está sentada diante de uma mesa de madeira, para trabalho em um laboratório de alquimia. Seu rosto revela expressão pensativa. A bruxa veste uma túnica verde-folha com encaixes nas bordas das mangas. Nas mãos sustenta um grande Pentáculo dourado que lustra cuidadosamente com um pano. Seu cabelo é ondeado e selvagem, como se levasse bastante tempo trabalhando diligentemente sem se preocupar com seu aspecto físico. Seus olhos são verdes estão centrados unicamente sobre sua tarefa. Na mesa há um livro de registro aberto, uma vela acesa, um pedaço de chifre de veado, alguns punhados de ervas secas e uma caveira humana. Um corvo está pousado no alto da sua cadeira e parece estar vigiando a casa para sua ama. Os corvos são tradicionalmente animais aliados do adivinho, já que representam os mistérios da bruxaria. Atrás da bruxa, cuidadosamente dispostos sobre a parede de pedra ao lado de uma grande janela geminada, há outros sete Pentáculos dourados. Quase no término de seu trabalho, a Bruxa dá o polido final ao oitavo pentáculo. Logo, as tarefas estarão concluídas e o acrescentará aos outros sete que estão minuciosamente colocados na parede. Nesta imagem, vemos que a bruxa se preocupa mais com a integridade do trabalho em si do que com a glória que pode chegar quando sua tarefa estiver finalizada.

Significado

O Oito de Pentáculos em uma leitura significa que chegou o momento do conhecimento prático, da determinação e da maestria. Deve aprender trabalhando ou se esforçar no estudo da sua carreira ou das artes mágicas. Aqui há uma oportunidade para que se concentre em um projeto criativo como a arte ou a escrita. Para tirar bom partido das suas atitudes, deve se concentrar e trabalhar um projeto com disciplina e inteligência. O êxito virá quando combinar todos os seus dotes com uma dose de esforço. Esta não é uma carta de fama, é uma carta que o faz lembrar de que o esforço, a concentração e a criatividade costumam trazer consigo crescimento, ganhos e sensação de plenitude. Pode ainda aparecer em uma leitura quando há um projeto complexo, de longa duração, a ponto de alcançar um final satisfatório.

Palavras-chave: Diligência, maestria, atenção ao detalhe. Estudo e prática das artes mágicas. Trabalho em curso, projeto em fase de finalização, com êxito.

Invertida: Falta de compromisso. Não há ambição. Um atraso ao término de um projeto.

Nove de Pentáculos

Uma sorridente bruxa está só num jardim exuberante sob uma pérgola. Rodeia-a uma ramagem frondosa, com flores insinuando que estivesse bailando. Está claro que é uma mulher feliz, segura de si e autossuficiente. Seu cabelo é castanho e seus olhos verdes. Traz um vestido de veludo cor marrom-escura com barrado em verde-bosque. O fato de estar fora no jardim e rodeada pela natureza realça seus poderes. Os pingentes dourados que traz são uma discreta referência ao seu êxito e prosperidade. Em torno do pescoço luz um colar de nove pedras verdes de turmalina, a pedra complementar do herbário e do jardineiro mágicos. O número de joias enlaça com o da carta.

Na pérgola crescem e entrelaçam-se nove grandes flores mágicas de cinco pétalas. O centro destas flores em forma de estrela é um Pentáculo metálico dourado. Um belo falcão está pousado na pérgola justo sobre a mulher, como para lhe fazer companhia. É seu aliado e representa clareza de objetivos, intuição, inspiração e confiança. Nesta carta aprendemos um dos mistérios da magia: que se relacionar com a natureza e ocupar-se da terra realçam sua espiritualidade.

Significado

Ao florescer em uma tiragem, a carta sinaliza momento de alegria e de abundância. Esta carta de tarô representa classicamente uma pessoa elegante que tem êxito e que se sente mais feliz do que nunca, quando está rodeada pela beleza da natureza. Simboliza uma bruxa que se nutre do elemento terra para receber seus poderes. Não importa como nós a chamemos (Bruxa do Jardim, Bruxa Verde ou Ervanária Mágica). Trata-se de uma pessoa prática, mundana, que desfruta da natureza, cria e mantém um formoso lar e cultiva um jardim mágico. Além do mais, esta carta fala de compartilhar a magia e os segredos do jardim com outros. Pede-lhe que conecte com a terra e estude seus mistérios. Por último, o Nove de Pentáculos pode representar o fim das preocupações econômicas. Anuncia um tempo de enfoque criativo, confiança e crescimento pessoal.

Palavras-chave: Bruxa de Jardim, herbanário mágico, magia verde. Felicidade, êxito, confiança, abundância, autossuficiência. Os poderes mágicos e a espiritualidade realçam-se quando se suja as mãos de barro e serve a terra.

Invertida: Falta de inspiração espiritual. Complacência. Ainda que tenha alcançado o êxito, não durma nos lauréis, siga esforçando-se e avançando.

Dez de Pentáculos

Um par enamorado e feliz abraça-se contemplando seu filho e o avô do bebê que vemos em primeiro plano na ilustração. O ancião está sentado sob um arco de pedra com seu neto nos joelhos, olhando carinhosamente o pequeno. Tem um sorriso de cumplicidade; talvez seja um dos Sábios. Uma luz resplandecente estende-se brilhando da sua mão ao bebê. Este, encantado pela luz, ri com seu avô. A cena ilustra o conhecimento mágico ou os talentos psíquicos que passam de geração em geração ou que herdamos dos nossos ancestrais. A união da família é sólida e forte. Um adorável cão de grande tamanho tenta conseguir atenção também, e se deita na erva próximo deles para protegê-los. O cão é um símbolo clássico de lealdade e companhia.

Acima dos quatro aparecem dez Pentáculos dourados, alinhados em duas filas. A distância, vemos a mansão familiar com suas torres e uma grande extensão de relva e jardins cuidados com esmero. Os jardins são lugares mágicos, e nesta carta se lhes presta muita atenção, assim como às relações familiares.

Significado

Tradicionalmente, esta carta significa logros, segurança econômica e apoio emocional ou econômico de seus seres queridos. Como última carta numerada do naipe de Pentáculos, mostra-nos o resultado final tanto da abundância quanto da espiritualidade: um lar feliz e família e amigos queridos. Ao dizer "família" estou me referindo ao forte vínculo emocional entre um grupo de pessoas que compartilha seu afeto. Lembre-se de que a família não é apenas a união de pessoas de mesmo laço consanguíneo. A família pode ser seu parente, seus amigos e suas mascotes ou os membros da sua assembleia de bruxas. Quando o Dez de Pentáculos aparece em uma leitura, o consulente tem uma "família" amorosa e uma vida feliz com ela. Esta é a carta do compromisso, da lealdade, da comunidade e do êxito. Também pode simbolizar legados de talento psíquico ou mágico, passados através da árvore genealógica. A magia está ao seu redor, abra-se a ela.

Palavras-chave: Compromisso. Êxito na comunidade e nas finanças. Família ou assembleia de bruxas feliz. Apoio, agradecimento, lealdade. Um legado familiar de magia. Talentos psíquicos herdados.

Invertida: A carga dos problemas de uma família ou de uma reunião de bruxas. Conselhos não solicitados ou interferências em sua vida pessoal. Um grupo que não o aprecia, mas que o sufoca e o controla. Conflitos à raiz de um testamento ou uma herança.

Pajem de Pentáculos

Uma jovem de pele escura, cabelos negros e olhos castanhos sustenta um grande Pentáculo em suas mãos. Encontra-se num jardim e sob uma magnólia florida. Ao fundo vemos um formoso céu azul e uma paisagem frondosa. Dá a impressão de estar estudando o Pentáculo cuidadosamente. A jovem traja uma maravilhosa túnica verde primavera debruada com motivos florais de cor rosa. Ao redor do pescoço traz um medalhão em forma de flor de cinco pétalas que forma um discreto pentagrama. A túnica, as cores, o debrum flora e o medalhão são todos eles sutis referências ao elemento natural vinculado ao naipe de Pentáculos, a terra. Uma cerva branca assoma-se junto à árvore justo atrás do Pajem de Pentáculos. Mordisca com tranquilidade a verde relva e é a companheira da jovem. Tradicionalmente, uma cerva branca é uma criatura das fadas, em cujo território convida-a a entrar. Esta cerva etérea simboliza a magia e os milagres. A magnólia que floresce de forma tão esplêndida nesta carta corresponde também ao elemento terra. Na língua das flores, as magnólias simbolizam a doçura, a beleza, a perseverança e o amor à natureza.

Significado

O Pajem de Pentáculos representa uma pessoa estudiosa e tranquila. É generosa, amável e encanta-a ajudar os demais. Refere-se não apenas a um amigo fiel, mas também a alguém que trabalha com empenho para lograr seu propósito. Ao se centrar no que deseja e se esforçar ao máximo, alcançará o êxito. Esta carta também pode simbolizar um estudante das artes mágicas que está entusiasmado, fascinado e completamente absorto em seus estudos ou que sente a vocação de explorar a magia das fadas. Agora é o momento de centrar-se em sua espiritualidade. Observe como se manifestam seus feitiços no plano físico. Se quiser que sua prática mágica alcance o êxito, deverá deixar-lhe tempo para que floresça.

A mensagem do Pajem de Pentáculos é a seguinte: abra os olhos, observe a natureza e estude pacientemente seu comportamento para entender as lições de magia terrena que o esperam nela.

Palavras-chave: Um tempo de estudo. Amor à natureza. Paciência, amabilidade, generosidade. Sentir atração pelo mundo das fadas. Entusiasmo, êxito. Enfocar-se em sua espiritualidade.

Elementos associados: Terra e terra. Terra é o elemento natural associado ao naipe de Pentáculos, enquanto que os quatro Pajens estão vinculados com o prático elemento terra.

Invertida: Estar desconectado da sua magia. Sentir-se estressado, ou envolvido demais na vida cotidiana. Aborrecimento, não estar centrado.

Cavaleiro de Pentáculo

O Cavaleiro de Pentáculo mantém pacientemente sua pose ereta, enquanto cavalga um cavalo negro. Traz a viseira alçada e observa atentamente a campina ao seu redor. Parece afável, todavia resulta algo misterioso. O Pentáculo dourado que traz junto ao peito, como um escudo, simboliza sua firme lealdade. A armadura do cavaleiro resplandece e traz também uma túnica de cor verde erva e uma capa. O verde é a cor da natureza, das fadas, da fertilidade e da bruxaria. O debrum, a brida e as rédeas do cavalo apresentam motivos de folhas verdes, outro enlace visual com o elemento terra.

O Cavaleiro de Pentáculos é um representante da Deusa, como o Cavaleiro Verde o é dos mitos e lendas. E, do mesmo modo que o Cavaleiro Verde, o Cavaleiro de Pentáculos não busca ativamente batalhas, mas está sempre preparado para elas. Fixe-se no veado heráldico da capa de desfile esmeralda do cavalo. Em heráldica este animal simboliza harmonia, paz e que o cavaleiro que o porta não luta, a menos que o provoquem, o que o converte em um símbolo perfeito para nosso Cavaleiro de Pentágonos. Ao fundo, na ilustração, vemos um céu amarelo ao amanhecer e campos dourados e verdes e um arroio. A silhueta de um esplêndido veado recorta-se contra a paisagem, em representação do elemento terra e das qualidades que definem o Cavaleiro de Pentáculos: orgulho, aprume e integridade.

Significado

A presença de O Cavaleiro de Pentágonos em uma leitura significa esperar por alguma prova. Não se trata de uma situação problemática, mas de uma prova discreta da sua honra e das suas crenças pessoais. Lembre-se de que O Cavaleiro Verde da lenda "testava" outros cavaleiros. Ainda que fosse um personagem afável, também era misterioso. Numa leitura, esta carta representa também um jovem realista de pele e olhos escuros, bom, compreensível, leal, trabalhador e prático. Além de tudo, pode indicar que no futuro vai ingressar em uma universidade, em escola técnica ou no mundo dos negócios. Do mesmo modo que as demais cartas de cavaleiros, esta carta indica movimento, mas aqui o movimento é mais metódico. O Cavaleiro utiliza seu tempo, observa atentamente e logo avança com cuidado para enfrentar qualquer desafio.

A mensagem do Cavaleiro de Pentáculos diz para observar com atenção e se mover de forma metódica. Confronte-se com qualquer dificuldade deste modo e obterá uma tranquila vitória.

Palavra-chave: Um homem prático e realista. Duro esforço, observação ativa, vigor, paciência e responsabilidade. Tratar metodicamente os problemas.

Elementos associados: Terra e fogo. A terra é o elemento natural relacionado com o naipe de Pentágonos, enquanto que os quatro cavaleiros estão associados com o elemento energético do fogo.

Associação astrológica: Virgem.

Invertida: Há obstáculos na sua senda, possivelmente um bloqueio em algum aspecto de sua vida. É o momento de observar com atenção e logo tratar de solucionar, metodicamente, a situação. Isto levará um tempo.

Rainha de Pentáculos

A bela e exótica Rainha de Pentáculos está sentada no seu trono floral; um enramado de rosas vermelhas trepadeiras alça-se acima dela. Tem os olhos escuros e lacinhos verdes nas tranças do seu cabelo negro azeviche. Sua túnica mostra vários tons de verde. Brilha uma coroa de flores douradas com esmeraldas quadradas encrustadas. Na frente traz um bindi vermelho. (O bindi é um elemento decorativo usado na Ásia. Tradicionalmente, é um ponto de cor vermelha na parte central da testa, próximo das sobrancelhas, ainda que também possa ser um signo ou uma joia em lugar de um ponto). É um símbolo do terceiro olho místico e de sabedoria. Em particular, a cor vermelha do seu bindi representa a honra, o amor e a prosperidade. Como corresponde à realeza, ao redor do pescoço brilha um pesado colar de ricas esmeraldas quadradas, pedras encantadas que expressam lealdade a quem as leva. A rainha sustenta um Pentáculo dourado na mão direita e no braço esquerdo um ramo de tulipas brancas e verdes, madressilva e trigo dourado, unidos por laços de um verde-claro. Atrás do trono aparecem uma bela paisagem e céus azuis, e a seus pés há um adorável cão marrom. As flores que leva a rainha estão ligadas ao elemento terra. As tulipas verdes representam prosperidade e sorte no amor; a madressilva, a riqueza e o carinho fiel e o trigo, abundância e riquezas. As rosas vermelhas do enramado significam beleza e amor. O cão corresponde ao elemento terra e é um signo de fidelidade e companhia.

Significado

A Rainha de Pentáculos em uma tiragem indica estar ante a genuína Mãe Terra. Esta carta representa uma mulher madura que pode ter cabelos e olhos escuros. É prática e sente profundo amor pela natureza e grande conexão espiritual com a terra. É sensual e preciosa e encantam-na as coisas belas. Esforça-se muito para conseguir e manter aquilo que aprecia. Sempre está ocupada com alguma atividade (jardinagem, cozinha, decoração), ainda que criando ou atendendo alguém. A tarefa de cuidar dos demais é que a torna mais feliz. É esposa e mãe devota e também uma amiga com quem se pode conviver muito bem, além de uma generosa anfitriã e amante apaixonada, tudo em uma. A Rainha de Pentáculos é a carta da cuidadora por excelência. Fala de um lar acolhedor, famílias felizes, mascotes queridas, amigos fiéis, diversão e afeto. Costuma estar ligada à carta de A Imperatriz. Se aparecerem juntas numa leitura, a maternidade tem papel essencial.

Eis a mensagem da Rainha de Pentáculos: aceite esse amor que professa pelas coisas belas deste mundo. Crie ao seu redor uma atmosfera mágica e agradável para si e para os seus seres queridos.

Palavra-chave: Uma mulher do signo de terra. Uma mãe de família no melhor sentido da palavra. Plenitude emocional. Mãe Terra. Anfitriã generosa, amiga fiel, amante da natureza, esposa e companheira devota. Terra e lar. Maternidade.

Elementos associados: Terra e água. A terra é o elemento natural associado ao naipe de Pentáculos, enquanto que as quatro Rainhas estão associadas ao elemento emocional da água.

Associação astrológica: Capricórnio.

Invertida: Obsessão com posses e riqueza material. Dar demasiado valor às aparências e ao estatuto social. Amizade falsa. Suspeita, inveja e infidelidade.

Rei de Pentáculos

O bem-apessoado Rei de Pentáculos está sentado num pátio de pedra exterior, comodamente reclinado sobre as almofadas de púrpura real do seu trono dourado. Tem o cabelo negro, barba e bigode cuidados, olhos castanhos-escuros e traz uma coroa de folhas de ouro engastadas com esmeraldas. Sustenta na mão esquerda um grande Pentáculo dourado que admira, enquanto que o braço direito descansa sobre o braço do seu trono e segura um cetro dourado. Traz um colar de cadeia de ouro com esmeraldas, pedras preciosas estimulantes que concedem paciência. Vemos uma cota de malha sob as vestimentas reais, que nos mostra que, ainda que seja um legislador, segue tendo a capacidade que se requer para defender a sua terra e a sua gente. A imagem de um veado branco heráldico aparece no peito da túnica do rei. Em heráldica este animal é um símbolo de realeza. Atrás do Rei de Pentáculos, ao longe, vemos um castelo com torreões. Os castelos das cartas de tarô mostram-nos que a busca por conhecimento e progresso chegaram a seu termo, o que se ajusta perfeitamente à última carta dos Arcanos Menores. Ao redor do monarca cresce uma formosa parreira com uvas púrpuras maduras. A vinha e as uvas simbolizam prosperidade, abundância e felicidade doméstica.

Significado

A aparição de O Rei de Pentáculos em uma leitura indica que com empenho e determinação o êxito estará próximo. Esta carta representa um homem de cabelo escuro e olhos de um castanho profundo. É aberto, responsável e o que é mais importante, realista, do signo de terra, forte, firme e maduro, que saboreia os simples prazeres da vida. É uma personalidade generosa e compreensiva, assim também um esposo fiel e amante, um pai protetor que desfruta sinceramente dos seus filhos. Este homem tem êxito e deleita-se com a jardinagem, o paisagismo, a lavoura ou a carpintaria. É mais feliz quando está trabalhando com a terra ou fazendo algo com suas mãos. Esforçou-se muito e ganhou a pulso seu conforto e seu êxito. A lição do Rei de Pentáculos é que seu trabalho deu-lhe o fruto. Atrairá a prosperidade.

Palavra-chave: Um homem do signo de terra. Determinação. Trabalhar com empenho, riqueza, segurança, êxito, responsabilidade. Um experto artesão. Protetor da família. Um indivíduo maduro, um homem em quem pode se apoiar nos momentos difíceis.

Elementos associados: Terra e ar. A terra é o elemento natural relacionado com o naipe de Pentáculos, enquanto que os quatro Reis estejam associados com o sábio e reflexivo elemento ar.

Associação astrológica: Touro.

Invertida: Uma pessoa que é ensimesmada, teimosa e controladora. Materialismo. Perder de vista o que é verdadeiramente importante.

Tiradas de Tarô

*O que poderia ser mais convincente,
por outra parte, do que o gesto de estender
as próprias cartas de costas sobre a mesa?*

Jacques Lacan

Existem muitas maneiras de tirar as cartas de tarô e isto nos permite personalizar as leituras e atuar com mais liberdade. Há várias tiradas clássicas, como a das sete cartas – chamada "a ferradura" ou a leitura de três cartas. O que deve ser lembrado é o seguinte: a estrutura de um tipo de leitura vem determinada pela forma com se estendem as cartas.

O mais importante, contudo, é que confie no seu instinto. Se, por exemplo, não se sentir cômodo com a velha tirada da Cruz Celta, não a utilize. Para este baralho de *Tarô de Bruxas* criei algumas tiradas novas. Penso que após toda a explanação acerca do tarô, seria bastante produtivo incluir algo novo para o *Tarô das Bruxas*. Dentre essas leituras estão: a tirada da Tripla Deusa, a tirada dos Quatro Elementos e a tirada da Roda do Ano.

Em cada uma destas novas leituras há um encantamento em verso que o ajudará a afinar seu prognóstico.

Tirada de uma só carta

A simplicidade é a maior sofisticação.

Leonardo da Vinci

A leitura que lhe proponho a seguir é curta, simples e direta e fornece uma resposta instantânea. Embaralhe as cartas e logo as reparta viradas para baixo em forma de leque sobre a mesa. Diga em voz alta: "O que é que mais necessito saber?" Agora escolha uma carta. Talvez fosse conveniente que passasse as mãos sobre as cartas para "sentir" qual é a adequada para si, ou simplesmente escolha ao acaso. Vire a carta e veja a resposta. Outras opções de perguntas para a leitura com uma só carta são:

1. Qual é minha lição pessoal para o dia de hoje?
2. Há hoje alguma mensagem para mim, os meus guias e os deuses?
3. Que tenho de saber antes de lançar um feitiço?
4. Como se manifestará meu feitiço?

Por último, esta simples leitura de uma só carta é um modo agradável de entender as lições que seu dia pode lhe oferecer: embaralhe as cartas, peça-as aos deuses que guiem sua mão e que a ajudem a compreender sua mensagem e tire uma carta. Também é divertido fazer esta tirada quando se reúne sua assembleia de bruxas. Cada um dos seus membros deve tirar uma carta e ir passando o baralho ao redor do círculo, no sentido horário. Comente os significados e fale sobre as cartas com o grupo.

Tirada de três cartas

*Portanto, quando a mente se conhece
e se ama a si mesma, fica uma trindade:
a mente, o amor e o conhecimento.*

Peter Lombard

As leituras de três cartas são amenas. Há muitas variações sobre como pode interpretar uma trindade de cartas. Uma das tiradas mais comuns é a seguinte:

1. Passado
2. Presente
3. Futuro

Ou ao adivinhar a resposta de um problema ou situação problemática pode usar esta interpretação, em que as posições das três cartas se definem como:

1. O que é desconhecido sobre o problema atual?
2. O que o está bloqueando?
3. Como atuar para obter os melhores resultados?

Para acrescentar-lhe um pouco de sabor de bruxas a esse tipo de leitura, embaralhe as cartas com cuidado e, enquanto o faz, diga a primeira linha da conjuração:

Por todo o poder da magia de três...

Reparta as cartas viradas para baixo e diga:

...estas cartas me revelarão agora sua sabedoria.

A seguir, vire-as e leia.

Tirada de sete cartas em ferradura

O êxito de uma leitura depende não dos feitos, mas do seu efeito no consulente, seu poder para emocionar e mudar uma pessoa de um modo positivo.

Mary K. Greer

Sem dúvidas, é este meu estilo favorito de leitura do tarô. O que me agrada desta tirada é que pode supor uma série de cartas à primeira vista. Isto lhe dá significado mais profundo e compreensão maior na leitura. Embaralhe bem as cartas e faça a pergunta. Reparta sete cartas da esquerda para a direita em forma de ferradura e examine-as atentamente.

- A primeira carta de uma leitura, começando pela esquerda, representa o passado e o que o trouxe a este ponto.
- A segunda carta é o presente, o que está ocorrendo exatamente agora.
- A terceira mostra-lhe o futuro, o que, todavia, está por vir.
- A quarta representa seu melhor curso de ação possível, ou o melhor modo de agir.
- A quinta indica-lhe e ao resto das pessoas envolvidas na ou da situação, quem são, o que as motiva e como afetam sua vida.
- A sexta mostra-lhe seus obstáculos e seu medos.
- A sétima e última carta é a carta do desenlace.

Tirada da Carta do Significador

Pode ser que um homem não seja sempre o que parece ser, mas o que parece ser é sempre uma parte importante do que é.

Willard Gaylin

A Carta Significador, que costumeiramente representa o consulente, é uma carta usada como forma de ajuda, para se centrar nela numa leitura de tarô. Também pode ser usada para representar as circunstâncias sobre as quais se está pedindo orientação, como por exemplo, A Grande Sacerdotisa para uma bruxa que pergunta sobre qual é a melhor maneira de lidar com os assuntos de sua assembleia, ou O Sumo Sacerdote para um homem que se pergunta qual senda mágica seria a correta ou em que centrar seus estudos. Use sua imaginação. Que outras cartas dos Arcanos Maiores empregaria como ponto de enfoque para várias situações?

Ao se utilizar a Carta Significador, em uma leitura, tira-se do baralho e a coloca virada para baixo, no centro da mesa, para que seja fácil vê-la e concentrar-se nela. Embaralham-se as demais, e em seguida as repartem ao redor da Carta Significador, em diferentes estilos de leituras.

Como Carta Significador costuma-se usar uma da Corte, baseando-se nas características físicas do consulente. Veja a seguinte classificação de cartas da corte:

- O Naipe de Copas: Simboliza uma pessoa com o cabelo loiro, escuro ou claro e os olhos azuis ou verdes.
- O Naipe de Paus: Representa indivíduos de tez pálida, cabelo loiro ou aloirado e olhos azuis-claros ou cinza.

- O Naipe de Espadas: Mostra uma pessoa com o cabelo castanho e os olhos verdes, azuis ou castanhos-claros.
- O Naipe de Pentáculos: Corresponde a alguém de cabelos escuros, pele escura e olhos castanhos.

O problema desta classificação é que nela não estão sendo representadas todas as cores e tons de pele, de modo que se pensa nestas sugestões mais como diretrizes gerais do que como verdadeiras regras.

As cartas da Corte como Significador: personalidades astrológicas e elementais

Todos os seres humanos estão interconectados com todos os demais elementos da criação.

Enry Reed

Entretanto, para dar mais precisão à sua Carta Significador, pode empregar os diferentes personagens das cartas da Corte: use Pajens para as crianças, Cavaleiros aos jovens e Rainhas e Reis para gente de idade mediana ou mais velha. Além do mais, pode enlaçar a Carta Significador ao signo astrológico do consulente ou, como faço, usar seus traços elementais de personalidade e encaixá-los com a carta da Corte com que melhor se complementem.

Descobri que funciona como um feitiço!

Signos astrológicos para os Significadores

- **Copas:** Câncer. Escorpião e Peixes (Água).
- **Paus:** Áries, Leão e Sagitário (Fogo).
- **Espadas:** Gêmeos, Libra e Aquário (Ar).
- **Pentáculos:** Touro, Virgem e Capricórnio (Terra).

Traços elementares de personalidade para os Significadores

- Místico, empático e emocional? Água – Copas.
- Inteligente, cerebral e engenhoso? Ar – Espada.
- Feroz, apaixonado e aberto? Fogo – Paus.
- Mundano, prático e comunicativo? Terra – Pentáculos.

Ao escolher uma Carta Significador, apesar de usar estes indicadores, costumo deixar que meu instinto e minha intuição conduzam minha mão e minha escolha. Por exemplo, se estivesse fazendo uma leitura para uma mulher, olharia atentamente a pessoa para quem estou fazendo a leitura e logo escolheria qual das quatro Rainhas é mais parecida com sua personalidade.

Tirada da Tripla Deusa

Ouça as palavras da grande Mãe.

Doreen Valiente

Ocorreu-me a ideia desta tirada da Tripla Deusa quando Mark, o criador artístico destas belas cartas, estava trabalhando nas ilustrações dos Arcanos Maiores. Estaria explicando-lhe o conceito da Tripla Deusa, enquanto terminava a carta de A Grande Sacerdotisa. Disse-lhe que esta, de fato, representava a Donzela, enquanto que A Imperatriz era o aspecto da Mãe da Deusa. Com um risinho, expressou que era esse o motivo pelo qual, provavelmente, insisti tanto com ele em que se notasse sua gravidez na ilustração. Expliquei-lhe que o terceiro aspecto era o da Deusa Feiticeira e finalmente terminamos nossa conversa, já que eu tinha de terminar outro livro, e a ele restava grande quantidade de ilustrações por fazer.

Estava repassando minhas notas sobre o texto que havia escrito um ano antes e volvia uma e outra vez, a reler as instruções que escrevi para a ilustração da carta de A Lua. Não conseguia me convencer. Era muito clássica, com a fisionomia da Feiticeira na Lua Minguante, mas realmente, não me inspirava. Como me encantam as imagens do tarô clássico, não estava segura do que fazer, assim, decidi deixar que a ideia repousasse um pouco. De todas as formas, ainda faltavam alguns tantos dias para que Mark começasse a desenhar essa carta. Foi assim que deixei de dar muitas voltas e preparei-me para dar alguns recados.

Vesti uma camiseta que casualmente trazia desenhada uma imagem da Tripla Deusa, vi meu reflexo no espelho e nesse momento entendi: se quisesse fazer da Tripla Deusa uma parte vital do *Tarô das Bruxas*, era este o melhor modo de usá-lo. A carta de A lua era minha oportunidade para reinterpretar a Feiticeira de uma forma mais apropriada.

Tinha uma deidade em mente: uma das minhas favoritas, Hécate. Voltei a chamar Mark e discutimos sobre diferentes ideias. Fiz algumas mudanças no texto dessa carta e enviei-lhe com várias imagens de referência. Encantou-o a ideia de Hécate e que pudéssemos estender essa carta em concreto mais além dos seus limites ou do que se esperava dela, justo como a própria Hécate.

Senti que a deusa olhava acima do meu ombro nesse dia e, com imagens remoendo em minha mente sobre a nova aparência da carta da Feiticeira, fui ao escritório e escrevi num caderno espiral a Tirada da Tripla Deusa.

Esta leitura usa três Cartas Significador: A Grande Sacerdotisa para a Donzela, A Imperatriz para A Mãe e A Lua para a Feiticeira. Pus em fila estas três cartas e logo embaralhei as restantes cuidadosamente.

Peça à Tripla Deusa que compartilhe com você sua sabedoria. Repita este encantamento:

Donzela, Mãe e Feiticeira,
guie minha mão e meu coração.
Mostre-me hoje sua sabedoria nesta arte de bruxa.
Com o poder de três vezes três, como eu quero,
assim há de ser.

Em seguida, reparta três cartas sob cada aspecto da Deusa. Terá nove no total.

- A donzela mostra-lhe suas possibilidades: suas esperanças e sonhos e o que pode suceder.
- A Mãe indica-lhe como chegaram a um bom término seus projetos e metas e que corresponde ao que está acontecendo no momento.
- A Feiticeira sinaliza o desenlace e seu carma: o invisível e aquilo de que pode não ser consciente ou aquilo que lhe dá medo confrontar.

Tirada dos Quatro Elementos

*Terra, água, ar e fogo,
paus, pentáculo, espada e...*
Doreen Valiente

Esta tirada usa quatro cartas significador: todos os ases. Como os ases tradicionalmente simbolizam a unidade e a perfeição de cada um dos quatro elementos naturais, creio que faz sentido escolhê-los como pontos centrais para esta tirada.

Para começar, retire todos os ases do baralho. Coloque-os na seguinte ordem: o Ás de Pentáculos (terra) no alto, o Ás de Espadas (ar) à direita, o Ás de Paus (fogo) abaixo e o Ás de Copas (água) à esquerda.

Tome um momento para conectar com seu centro e contemplar o poder de cada um dos elementos e o que trazem à sua vida. Peça-lhes ajuda para guiá-lo pelo seu caminho.

Repita este conjuro:

*Elementos da terra, ar, fogo e água,
assistam-me agora e emprestem-me vosso grande poder.
Deixem que vossas energias mágicas remoinhem
ao meu redor, permitindo-me descobrir a força,
a sabedoria, o valor e o amor.
Que as mensagens destas cartas me indiquem o caminho
para poder seguir dia a dia pela minha senda com sabedoria.*

Continue, embaralhe as cartas restantes e pergunte-lhes quais lições tem de aprender de cada um dos elementos. Coloque uma nova carta de baralho junto a cada um dos ases.

- A carta da terra (Pentáculos) mostra-lhe o que lhe faz falta para estar centrado, para ser forte e próspero.
- A carta do ar (Espadas) representa o que necessita para chegar a ter conhecimento e comunicar-se claramente.
- A carta do fogo (Paus) anuncia o que se requer para o êxito, o valor e a paixão.
- A carta da água (Copas) sussurra-lhe do que precisa para trazer à sua vida emoções de amor e cura.

Variação mágica: se quiser, pode acrescentar a carta de O Mago, no centro do círculo de ases. Visualmente, isso aumentará a concentração e o poder da tirada. Lembre-se: O Mago tem os quatro símbolos dos Arcanos Menores em seu altar. Esta carta dos Arcanos Maiores é um retrato perfeito de um indivíduo que trabalha sabiamente e em harmonia com os poderes dos quatro elementos e com a natureza. Se decidir acrescentar a composição de imagens arquetípicas de O Mago, a Tirada dos Quatro Elementos inclui essas linhas ao final do conjuro anterior, como um lema:

Que como está acima, seja agora abaixo;
ao redor de O Mago fluirão as respostas.

Tirada da Roda do Ano

> *Que sejas abençoado com paz*
> *e segurança nas quatro estações.*
>
> Provérbio chinês

Para esta tirada, retire a carta de A Roda do Ano do baralho. Use-a como Significador e coloque-a no centro. Embaralhe as cartas restantes em sentido horário, reparta oito ao redor da figura central da Carta Significador.

Tome um momento para centrar-se e refletir sobre o poder e os mistérios de cada um dos oito sabbats. Para ajudá-lo a centrar-se e interpretar a tirada de cartas, repita este conjuro:

> *A tirada da Roda do Ano*
> *tem autêntica sabedoria.*
>
> *Ilumine-me em minha busca*
> *do conhecimento e do valor.*
>
> *Oito cartas, uma para cada um dos*
> *dias sagrados das bruxas do ano.*
>
> *Mostre-me o modo correto de viajar*
> *para que minha senda seja aclarada.*

A ordem das oito cartas distribuídas ao redor do Significador, você o decide. No geral, faço que a carta de cima represente o seguinte sabatt do ano. Noutras palavras, se estiver fazendo a tirada nos fins de julho, o próximo sabbat seria Lunghnasadh, que viria indicado na primeira carta, na parte superior do círculo. Em sentido horário, à sua direita a do Equinócio de Outono e na continuação, as seguintes cartas representariam Samhain, Yule, Imbolc, o Equinócio Vernal, Beltane e o Solstício de Verão.

Magia com Baralho do Tarô das Bruxas

*Existe a magia, mas você tem que ser mago.
Há de fazer que a magia suceda.*

Sidney Sheldon

Convido-o, gentilmente, a que empregue as cartas do *Tarô das Bruxas* em suas conjurações. As cartas de tarô são ferramentas maravilhosas para fazer conjuros e usadas como guias visuais de grande nitidez e clareza. Esta prática não só lhe proporciona um elemento mágico e atraente no objeto focado, mas, ademais, ajuda-o a estabelecer uma relação com as mesmas cartas. As do baralho do *Tarô das Bruxas* são pontos de apoio espetaculares para um ritual, e o melhor de tudo, tem setenta e oito cartas para fazer bruxaria!

Recentemente, dei uma aula sobre os quatro elementos e o poder pessoal. Construí um altar bastante básico para que o vissem os assistentes, quando chegassem. Havia flores frescas do meu jardim esparzidas por ele e cada esquina da mesa era dedicada a um dos quatro elementos. Também incluí cristais para a terra, conchas para a água, plumas para o ar e uma vela vermelha com essência de canela para o fogo. Os participantes surpreenderam-se ao ver que também havia incluído o Ás de cada naipe de tarô no ponto apropriado do altar. Expliquei-lhes seu simbolismo e fiquei ali, sorrindo, enquanto observava como começavam a girar as rodas de seus cérebros. Ao personificar cada um dos quatro ases da qualidade elemental básica do seu naipe, servem como sensacionais representações desses elementos durante as sessões de magia. Experimente alguma vez. Seja criativo e vejamos o que consegue fazer aparecer!

Poderia acrescentar velas ou outros acessórios a esses feitiços de tarô. Limitei os conjuros ao essencial, deixando espaço para que cada um lhe acrescente seu toque pessoal. Como disse muitas e muitas vezes, personalizar os conjuros, quer dizer, acrescentar um pouco da sua essência ao ritual, fazer da sua bruxaria a única e, por conseguinte, mais poderosa.

Cartas da Corte para a magia pessoal e a meditação

Para variar, emprega-se as cartas do *Tarô das Bruxas* como ponto central na meditação e magia pessoal; por exemplo, se está começando um novo projeto e precisa de estímulo para cumprir com um prazo iminente. Ao perceber que está lhe faltando entusiasmo e energia para esse projeto é ideal que você trabalhe com os Pajens.

Invocar os Pajens para a inspiração e o entusiasmo

Para começar, situe cada Pajem no seu lugar apropriado: Pentáculos no Norte, Espadas no Leste, Paus no Sul e Copas no Oeste. Poderá formar um círculo se assim desejar, ainda que não seja imprescindível; de qualquer modo, com círculo ou sem ele, funcionará. Logo, coloque-se no centro das cartas e diga:

Que o entusiasmo dos pajens me rodeie neste dia;
que, venha o que venha,
seu sentido da aventura me abençoe.
Pelos quatro naipes de pentáculos, espadas, paus, e copas,
que este círculo mágico ao meu redor me empurre!

Agora, sente-se, fique no círculo e medite. Se quiser, pode dar a volta pelas cartas, olhá-las, tomá-las e observá-las próximo. Estude-as uma a uma e perceba que tipo de inspiração lhe chega. Quando acabar de ver os quatro Pajens, sinta sua conexão com a terra, centre-se e encerre o conjuro com as seguintes palavras:

Para o bem de todos, sem dano para ninguém,
pela magia do tarô, seja este conjuro!

Se traçou um círculo, agora pode abri-lo. Devolva as cartas ao baralho e ponha-se a trabalhar com esse projeto! Verá que o entusiasmo dos quatro Pajens é dos mais estimulantes. (Custou-me muito manter-me à sua altura ao terminar este livro!)

Outras formas de fazer um conjuro com quatro cartas

Projete trabalhar com os quatro Reis para conseguir uma magia poderosa e sábia, quando tenha de usar algo mais de sabedoria ou reafirmar sua integridade. As quatro Rainhas são maravilhosas para a variedade de magia emocional, criativa e compassiva. De modo similar, os quatro Cavaleiros são sensacionais quando se trata de enfrentar desafios, mudanças e movimento. Somente precisa seguir o esquema básico do conjuro.

Prosseguindo, mostro-lhe conjuros para trabalhar com os Reis, as Rainhas e os Cavaleiros. Para começar, coloque cada carta da Corte em seu lugar apropriado: Pentáculos no Norte, Espadas no Leste, paus no Sul e Copas no Oeste. Como no caso dos pajens, pode formar um círculo ou não.

A seguir, coloque-se no centro das quatro cartas e recite o conjuro apropriado.

Conjuro dos Reis

A autoridade dos reis será hoje meu estímulo.
Que vossa sabedoria e integridade me abençoem todo o dia.
Pelos quatro naipes de pentáculos, espadas, paus e copas,
que este mágico círculo ao meu redor me empurre!

Conjuro das Rainhas

Que o amoroso estímulo das rainhas me rodeie;
que venham a mim sua compaixão e sua força.
Pelos quatro naipes de pentáculos, espadas, paus e copas,
que este mágico círculo ao meu redor me empurre!

Conjuro dos Cavaleiros

A ação e coragem dos cavaleiros
me empurrará hoje para diante.
Sairei vitorioso ante os desafios que se
cruzem em meu caminho.
Pelos quatro naipes de pentáculos, espadas, paus e copas,
que este círculo mágico ao meu redor me empurre!

Após recitar o verso escolhido, sente-se. Fique no círculo e medite. Se quiser pode tomar as cartas, olhá-las mais perto. Estude cada uma delas e preste atenção a que tipo de inspiração lhe chega. Quando tiver terminado com as quatro cartas, sinta sua conexão com a terra e centre-se. Logo encerre o conjuro com as seguintes palavras:

*Para o bem de todos, sem prejuízo a ninguém,
pela magia do tarô, seja este conjuro!*

Se fez um círculo, abra-o. Volte a pôr as cartas no baralho.

Tarô e bruxaria

Nesses conjuros, incluí as cartas de tarô com suas palavras--chave, para que possa ver como estão enlaçadas umas com as outras e porque foram escolhidas para um conjuro determinado. Também sugiro uma vela de cor, um cristal e um elemento vegetal em conjunto; para este último, basta um pequeno ramalhete de ervas. Acrescente estes acessórios a qualquer conjuro quando quiser dar à sua bruxaria um pouco mais de brilho!

Diretrizes básicas

A seguir, em todos os conjuros que vou mostrar, disponha as cartas na ordem em que se enumeram. Se achar conveniente pode dispor da vela colorida, do cristal, do elemento vegetal. Disponha as cartas, acenda a vela e repita o conjuro.

Deixe as cartas, o cristal e o ramalhete no seu lugar, enquanto a vela está acesa (não a perca de vista!) Logo que se tenha consumido, volte a colocar as cartas no baralho e guarde o cristal. Se acrescentou um ramalhete de ervas ao seu conjuro, pode deixá-lo ou devolvê-lo cuidadosamente à natureza. Bendito seja.

Conjuro para melhorar os estudos mágicos ou de tarô:

O Mago: Como é acima, é abaixo. Destreza, determinação, conexão, confiança. Força de vontade. Fazer magia com os quatro elementos e com os espíritos elementais. O princípio hermético da correspondência. Magia elemental e poder pessoal.

Três de Pentáculos: Duro esforço, emprego, progresso. Com a dedicação se alcança o êxito. Usar criativamente seus talentos. Aprendizagem e logros mágicos.

Oito de Pentáculos: Diligência, maestria, atenção ao detalhe. Estudo e prática das artes mágicas. Trabalho em curso, projeto que está em fase de finalização, com êxito.

Acessórios sugeridos: Vela amarela de conhecimento. Quartzo para aumentar o poder pessoal, para a sabedoria.

Conjuro:

O mago disse-nos: 'Como é acima é abaixo'. E enquanto, até que o poder da vela se consuma, o aprendiz esforça-se. A bruxa concentra-se em alcançar seus sonhos mágicos. Combine estas três lições e o êxito será seu. Para o bem de todos, sem dano de ninguém, pela magia do tarô, seja este conjuro!

Conjuro para criar uma reunião de bruxas ou um círculo forte e unido.

Nove de Copas: Hospitalidade, comunidade, gentileza. Reuniões, festas. Um desejo lhe será concedido. Celebrações agradáveis com a família, a assembleia de bruxas e os amigos.

Três de Copas: Uma circunstância feliz. Uma reunião de amigos, família ou membros de uma assembleia de bruxas para fazer uma celebração. O poder do três e a magia da manifestação. Celebrar os sabbats, compartilhar experiências. Avanço mágico, crescimento psíquico, os laços de uma saudável amizade mágica. Crescimento, êxito, criatividade.

Quatro de Paus: Celebração, regozijar-se por uma circunstância feliz. Liberdade, festas, despedidas de solteiro, festas para celebrar a chegada do futuro bebê, celebrações de sabbat. Fertilidade, criatividade, liberdade de expressão.

Acessórios sugeridos: Vela de cor prateada, para a Deusa. Feldespato para criar um vínculo emocional. Rosas rosadas, para a amizade.

Conjuro:

O Nove de Copas mostra comunidade e celebrações; o Três de Copas, brindes à irmandade com uma libação primaveril; o Quatro de Paus evoca alegria e os elementos, um e todos. Nossa assembleia de bruxas permanece unida/ no Inverno, na Primavera, no Verão e no Outono. Para o bem de todos, sem dano de ninguém, pela magia do tarô, seja este conjuro!

Conjuro para a abundância:

Ás de Pentáculos: Riqueza, abundância, saúde, felicidade, segurança, boa sorte. Amor à natureza, magia verde e herbanária. Magia manifestada no mundo físico. O elemento terra.

Rei de Pentáculos: Um homem do signo de terra. Determinação, trabalhar com empenho, riqueza, segurança, êxito, responsabilidade. Um experto artesão. Protetor da família. Um indivíduo maduro que é um ombro em quem se apoiar nas situações difíceis.

Seis de Paus: Vitória, logro. Reconhecimento de um labor bem feito. Felicitações e êxito. Consecução de um objetivo, após muito esforço.

Acessórios sugeridos: Vela de cor verde, para a prosperidade. Venturina para a boa sorte. Madressilva para a abundância e a saúde.

Conjuro:

O Ás de Pentáculos está abrigado numa madressilva. O Rei de Pentáculos complementa este conjuro com o brilho do êxito. O Seis de Paus significa triunfo: minhas metas serão alcançadas com segurança. Agora estas energias giram ao meu redor, crerei nesta magia! Para o bem de todos, sem dano algum para ninguém, pela magia do tarô, seja este conjuro!

Conjuro para a proteção:

Nove de Paus: Brio, valentia, proteção. Precisa estar alerta aos problemas. Proteja-se e a sua reputação. Seja firme, permaneça em guarda. Talvez se requeira um trabalho de proteção mágica.

A Lua: A Deusa como Feiticeira. Magia de lua minguante. Magia protetora. Ver o que outros tratam de manter oculto. Intuição e desenvolvimento dos poderes psíquicos. Sabedoria conquistada através de anos de experiência vital.

O Carro: Força de vontade, ambição, concentração, impulso. Capacidade de liderança. Conecte com seu poder pessoal e verá a magia manifestar-se. Supere as adversidades e qualquer obstáculo em seu caminho. Não se renda e siga esforçando-se!

Acessórios sugeridos: Vela de cor negra para dissipar a negatividade. Turmalina negra para proteção. Hortênsia em flor para romper feitiços.

Conjuro:

Estou preparado para defender-me com elegância e dignidade. Invoco a proteção da Tripla Deusa, Hécate. O Carro ajuda-me a superar os obstáculos do meu caminho. Agora, de noite ou de dia, esta magia autêntica me rodeia. Para o bem de todos, sem dano a ninguém, pela magia do tarô, seja este conjuro!

Conjuro para atrair o amor:

O Louco: Persiga seus sonhos. Aventura, começar do zero, exploração, uma viagem. Novas ideias. Arriscar-se e lutar por aquilo em que acredita. O princípio de uma busca espiritual. Explorar nova senda ou tradição mágicas. Um salto de fé.

Dois de Copas: Idílio. Um compromisso, esponsais, boda ou reconciliação. Uma aliança. Igualdade e amor verdadeiro.

Os Amantes: Amor sexual, beleza, uma relação romântica. Compromisso, decisões que há de tomar. A decisão que tomar hoje afetará seu futuro. O amor cura.

Acessórios sugeridos: Vela de cor rosa forte, para o carinho e a diversão. Quartzo rosa, para emoções ternas e românticas. Rosa vermelha, a flor do idílio e da paixão.

Conjuro:

O Louco alenta-nos a sonhar grande e arriscar-nos, enquanto que o Dois de Copas sussurra que o idílio é seu próprio baile. A carta de Os Amantes recorda-nos que a escolha dá forma a nosso destino. Que encontre alguém que me ame e seja apropriado para mim. Para o bem de todos, sem prejuízo de ninguém, pela magia do tarô, seja este conjuro!

Conjuro para curar um coração magoado.

Três de Espadas: Atraso, traição pessoal, perda. Um momento de drama e lágrimas. Tristeza, conflito. Um encantamento que volve a quem o lançou.

O Enforcado: Iniciação, fase de transição da vida. Relaxe-se, deixe que venham as mudanças. Nova perspectiva de vida, magia das runas, olhar as circunstâncias atuais desde um novo ponto de vista.

A Estrela: Cura, inspiração, intuição, renovação. Esperança, paz, desejos concedidos. Magia astrológica. Sabedoria. A criatividade flui.

Acessórios sugeridos: Uma vela de cor rosa suave, para a felicidade e para amar a si mesmo. Ametista, para a cura. Cravo vermelho para restaurar a energia e promover a cura.

Conjuro:

O Três de Espadas mostra que, ainda roto o coração, hei de começar a sarar. Durante esta transição alcançarei a compreensão e a sabedoria de O Enforcado. Minha cura começa hoje. Desprendo-me de todos os meus sentimentos negativos. A Carta da Estrela traz esperança, renascimento, cura emocional e paz. Para o bem de todos, sem dano para ninguém, pela magia do tarô, seja este conjuro!

Conjuro para o coração e o lar:

A Imperatriz: O lado maternal da Deusa. Dar à luz a novas ideias. Poder feminino, amor, sexualidade, maternidade, fertilidade, nascimento, criatividade. Coração e lar, proteger o amor da sua vida, mágica lua cheia. O poder da natureza.

Rainha de Pentáculos: Uma mulher de signo de terra. Mãe de família, no melhor sentido da palavra. Plenitude emocional. Anfitriã generosa, amiga fiel, amante da natureza, Mãe Terra, esposa e companheira devota. Terra e lar. Maternidade.

Dez de copas: Amor, imaginação, plenitude, alegria, bom humor, família feliz. Boa vida familiar, comodidade e alegria. Amizade, assembleia de bruxas feliz, ser parte de uma comunidade mágica.

Acessórios sugeridos: Vela marrom por suas qualidades terrenas e acolhedoras que nos fazem conectar com a terra e nos centrar. Uma pedra aguçada, excelente para o coração e para a magia caseira. Canela, para a energia e a proteção.

Conjuro:

A Imperatriz cercará meu lar com amor, magia e paz. Enquanto a Rainha de Pentáculos me traz conforto, o Dez de Copas brinda-me com plenitude uma família feliz. Meu lar brilha com o encanto e a alegria deste tarô de bruxaria. Pelo bem de todos, sem dano para ninguém, pela magia do tarô, seja este conjuro!

Minhas mais brilhantes bênçãos para sua bruxaria e suas leituras de tarô!

Nota final

Se você desfrutou desta seção do livro, encontrará mais encantadores conjuros em *Book of Witchery*, um dos meus livros publicados anteriormente.

Apêndice I

Significado das cartas dos Arcanos Menores

*Quando o número um fez amor com o zero,
as esferas abraçaram seus arcos e os números
primos contiveram seu alento.*

Raymond Queneau

Ás: Qualidade elemental básica. Representa o começo das coisas, novas ideias, projetos ou nascimento.

Dois: A relação entre duas pessoas ou princípios, reflexão, harmonia e equilíbrio.

Três: Expressão total do elemento Amor, expectativas. Conceito de criação, divindade e destino.

Quatro: Estabilidade, base firme, estrutura e ordem. O Quatro de Paus e O Quatro de Espadas acalmam e estabilizam, enquanto que O Quatro de Copas e O Quatro de Pentáculos mostram estancamento e restrição.

Cinco: Perda, conflito, arrependimento e problemas. Crise, criar dificuldades, discussões, oportunidade para aprender algo novo.

Seis: Equilíbrio, harmonia, amor, benevolência, ações passadas, comunicação, reunião, logros.

Sete: Maestria, vitória, sorte, ousadia, impaciência, sabedoria, mistério, dotes mágicos associados com cada naipe.

Oito: Entusiasmo, inspiração, regeneração, êxito, justiça, reavaliação, redirecionamento. Desenvolvimento ou crescimento no futuro.

Nove: Limites, barreiras, melancolia. Em vias de conclusão. Lograr resultados e aprender da experiência prévia. Três vezes três. Emocionalmente satisfeito, contente.

Dez: Novo estágio de desenvolvimento. Finalização, herança, carma. Necessidade de ir além dos limites.

Pajem: Crianças e adolescentes, estudantes, mensageiros. Potencial não desenvolvido, arriscar-se, curiosidade, esperança, exploração, estudo de matérias práticas.

Cavaleiro: Aventura, movimento, progresso, ação, responsabilidade pelos demais.

Rainha: Maternidade, nutrição, criatividade, cuidado, compaixão, bondade, inspiração. Significado mágico profundo do naipe.

Rei: Figura patriarcal, mestre, mentor, líder. Autoridade, responsabilidade, poder, êxito. Princípios, orgulho, obstinação, arrogância.

Apêndice II

Símbolo das cartas do tarô

> *A natureza é um templo em que vivos*
> *pilares sussurram de tarde palavras imprecisas.*
> *O homem passa através de um bosque de símbolos,*
> *e todos o observam com olhares familiares.*
>
> Charles Baudelaire

Adolescentes e adultos: Os adultos e os adolescentes que aparecem nestas cartas como Pajens simbolizam possibilidades e descobrimentos e marcam o princípio de uma busca por conhecimentos sobre o mundo mágico e sobre si mesmo. Os elementos masculinos do ar (Espadas) e o fogo (Paus) têm Pajens masculinos enquanto que os naipes de Copas e Pentáculo (água e terra) respectivamente, vêm ilustrados por Pajens femininos. Encontrará estes personagens nas seguintes cartas: O Louco, O Pajem de Copas, O Pajem de Espadas, O Pajem de Paus, O Pajem de Espadas, O Pajem de Pentáculos, O Dois de Pentáculos e O Três de Pentáculos.

Arco-íris: Um símbolo clássico de esperança, mensagens, milagres e magia. Aparece em A Temperança, O Dez de Copas e O Sete de Copas.

Armadura e cota de malha: Uma forma de defesa que simboliza proteção e força. Vê-se nas cartas de O Imperador, O Carro, A Morte, O Cavaleiro de Copas, O Cavaleiro de Espadas, o Cavaleiro de Paus, O Cavaleiro de Pentáculos e O Rei de Pentáculos.

Barco: Representa viagens e pensamentos. Aparece no Dois de Paus, no Três de Paus, no Seis de Espadas e no Dois de Pentáculos.

Paus: Um tipo de cetro mais mundano. Com frequência o usa um homem sábio ou um viajante. Podemos encontrá-lo em O Louco, O Sumo Sacerdote e O Ermitão.

Cavalo: Movimento e força, também associado aos quatro elementos. Um símbolo divino do Deus e da Deusa. Aparece em: O Carro, A Morte, O Sol, O Cavaleiro de Copas, O Cavaleiro de Espadas, O Seis de Paus, O Cavaleiro de Paus e O Cavaleiro de Pentáculos.

Casa: O lar é onde está o coração e quando alguma (desde uma casa de campo até uma mansão com torres) aparece nas cartas de tarô, é símbolo da magia da família, da segurança, do coração e do lar. Acham-se no Seis de Copas, no Dez de Copas, no Quatro de Pentáculos e no Dez de Pentáculos.

Cascata: Indica o fluxo ativo e enérgico das emoções e a corrente do subconsciente: ideias e emoções que fluem e mudam. Aparece em A Imperatriz, O Três de Copas e O Quatro de Copas.

Castelo: Mostra-se com frequência no fundo das cartas. Representa a recompensa que o espera ao terminar sua busca de conhecimento e de progresso. Está presente em: A Morte, O Quatro de Espadas, O Oito de Espadas, O Ás de Paus,

O Quatro de Paus, O dez de Paus, O Sete de Copas, O Cavaleiro de Copas e O Rei de Pentáculos.

Cetro: É um paus masculino de poder coroado por uma esfera feminina, é um símbolo de soberania. Aparece em A Imperatriz, O Imperador, O Rei de Copas e O Rei de Pentáculos.

Cervo: Está associado com o elemento terra. Tradicionalmente simboliza o orgulho, o aprumo e a integridade. Há um em O Mundo e O Nove de Pentáculos e uma cerva branca em O Pajem de Pentáculos. A cerva branca é um símbolo de magia, milagres e o reino das fadas. O cervo aparece também no escudo de armas de O Cavaleiro de Pentáculos e o Rei de Pentáculos.

Corvo: Mistério, magia e inteligência. O animal aliado de quem busca. O corvo aparece no Enforcado e no Oito de Ouros.

Dragão: Uma criatura do elemento fogo. Os dragões representam a magia e a paixão mais antigas. Podem ser vistos em: O Sete de Copas e O Cinco de Paus, assim como na heráldica do Seis de Paus e O Nove de Paus.

Escudo: É uma ferramenta de proteção e os símbolos que se mostram nele é uma espécie de declaração que se expunha publicamente. Está em A Imperatriz, O Cavaleiro de Espadas e O Rei de Pentáculos.

Esqueleto: Simboliza a promessa de nova vida, mudança e transição. Considera-se O Esqueleto, a inspiração e a inteligência. Pode ver-se em A Morte, A Lua e O Oito de Pentáculos.

Estrela: Indica esperança, destino, iluminação e influências astrológicas. Mostra-se em A Grande Sacerdotisa, A Imperatriz, O Carro, O Ermitão, A Estrela e O Oito de Copas.

Gato: Os felinos estão associados ao elemento fogo e simbolizam a percepção, os poderes psíquicos, o mistério e a bruxaria. O gato doméstico, em toda a sua assombrosa variedade, é o clássico animal totêmico das bruxas. Honram-nos com a sua presença nas seguintes cartas: A Grande Sacerdotisa, O Sete de Copas, O Dois de Paus, O quatro de Paus, O Pajem de Paus, A Rainha de Paus e O Três de Pentáculos.

Girassol: Uma flor do sol e o elemento fogo que simboliza êxito, fama e riqueza. Apresenta-se em: O Sol, O Pajem de Paus e A Rainha de Paus.

Globo ou esfera: Representa o poder sobre os assuntos e preocupações mundanos. Veem-se em O Imperador e em O Dois de Paus.

Fada: Está associada ao reino elemental do ar e ao naipe de Espadas. Representam uma conexão profunda com a magia do mundo natural. Aparecem em: O Mago, O Dois de Espadas, O Três de Espadas, O Cinco de Espadas e A Rainha de Espadas.

Falcão e Gavião: Estas aves simbolizam mensagens espirituais. Veem-se em: Ás de Espadas, O Rei de Espadas e O Nove de Pentáculos, além de fazer parte de uma heráldica do Pajem de Espadas e do Cavaleiro de Espadas.

Heráldica: Os signos heráldicos aparecem em várias cartas do baralho do *Tarô das Bruxas*. Cada um foi eleito por sua associação com os elementos e seu simbolismo mágico. Os dragões (fogo) representam proteção, valor e defesa dos tesouros. Os falcões (ar) significam ímpeto, impaciência e a emoção da caça. Os leões (fogo), bravura, valor e força. As sereias (água), eloquência, lealdade e verdade. Os cervos (terra), estratégia, paz e harmonia.

Jardim: Aparece tradicionalmente ao fundo da cena. Os jardins são lugares mágicos e indicam-lhe onde se encontra atualmente em sua senda espiritual. Os jardins aparecem em: Os Amantes, O Três de Copas, O Nove de Pentáculos, O Dez de Pentáculos e O Pajem de Pentáculos.

Lago, reservatório e tanque: A água quieta de um lago ou de um reservatório reflete a luz do sol, a luz da lua ou nossos pensamentos. Veem-se em muitas cartas, entre elas: A Temperança, A Estrela, O Ás de Copas, O Dois de Copas, O Dois de Espadas, O Seis de Espadas, O Oito de Paus e O Cavaleiro de Paus.

Lemniscata: O símbolo do infinito, que representa a natureza cíclica da energia. A energia está sempre se movendo, de forma constante. A lemniscata aparece em: O Mago, A Força e O Dois de Pentáculos.

Leão: Força, lealdade, coragem domínio. Freio. Pode ver-se nas cartas de: A Força e O Mundo, e na heráldica do Cavaleiro de Paus e do Rei de Paus.

Libélula: Como criatura do elemento ar, simboliza ilusão. Pode-se encontrar as libélulas no Cinco de Espadas e no Seis de Espadas.

Lobo: Significa um pioneiro, um líder, um guia, um mestre. Mostra-se em A lua.

Lua Tripla: O clássico símbolo das bruxas da Tripla Deusa ou a Donzela, Mãe e Feiticeira. Aparece em A Grande Sacerdotisa e no reverso de todas as cartas do baralho do *Tarô das Bruxas*.

Lua: Representa o poder psíquico, a energia feminina, o mistério, a magia e a intuição. Pode ver-se em: A Grande Sacerdotisa, O Sumo Sacerdote, O Carro, A Lua, O Karma, O Oito de Copas, O Dois de Espadas e O Nove de Espadas.

Mariposa: Um símbolo clássico de transformação e beleza. Aparece no Sete de Copas e no Ás de Paus.

Montanha: Indica que devemos trabalhar para alcançar nossos objetivos, e representa o triunfo, os desafios e a persistência. A montanha está presente em muitas cartas.

Neve: Pode significar isolamento ou irritação, ou talvez algo limpo e novo. Aparece em: O Ermitão e O cinco de Pentáculos.

Criança: Costuma simbolizar aventura, juventude, energia, entusiasmo, alegria de viver, legado e tradição. Presente nas cartas de: O Louco, O Imperador, A Morte, O Sol, O Quatro de Copas, O Seis de Copas, O Dez de copas, O Seis de Pentáculos e O Dez de Pentáculos.

Oceano e mar: Representam infinitas possibilidades, grandes profundidades de sabedoria e mistério. Algo maior e mais poderoso do que nós. Podemos vê-los no Cinco de Copas, Oito de Copas, Pajem de Copas, Rainha de Copas, Rei de Copas, Três de Paus e Dois de Pentáculos.

Onda: Movimento da emoção. Presente em: O Pajem de Copas, O Três de Copas, O Cinco de Copas, A Rainha de Copas e O Rei de Copas.

Pássaro: Pensamentos elevados e mensagens espirituais. Encontra-se em: O Enforcado, A Estrela, O Mundo, A Rainha de Copas, O Dez de Espadas, A Rainha de Espadas e O Oito de Pentáculos.

Peixe e Delfim: Estas criaturas da água simbolizam a comunicação, a emoção, a intuição e a criatividade. Aparecem em: O Pajem de Copas, O Rei de Copas e O Oito de Copas.

Pentagrama: A estrela de cinco pontos entrelaçadas representa os elementos e o espírito. As bruxas costumam levá-la como talismã para a proteção e como amuleto. Está presente em: O Louco (em seu saco), O Mago, O Sumo Sacerdote, A Roda do Ano, O Enforcado, A Lua, O Sete de Espadas e O Nove de Paus.

Pilar: Representa o equilíbrio. O pilar faz parte da imaginária clássica do tarô para ilustrar que a figura da carta é neutra ou adotou uma postura intermediária. Pode ver-se em O Sumo Sacerdote, A Grande Sacerdotisa e A Justiça.

Precipício: Simboliza estar à borda do perigo e do desconhecido. Presente em: O Louco, O Ermitão, A Torre, O Karma, O Oito de Copas e O Sete de Paus.

Rio e corrente: Aos rios se lhes considera a força, a força em movimento da vida. Falam-nos de viagens e de oportunidades; também representam o fluxo das emoções e o discorrer da consciência. As correntes são uma versão mais suave e aprazível. Ambos aparecem em: A Imperatriz, O Quatro de Copas, O Seis de Copas, O Dez de Copas, O Cavaleiro de Copas, O Oito de Espadas, O Ás de Paus e O Cavaleiro de Pentáculos.

Rosa: Um símbolo mágico do amor, do encantamento e da esperança. Na linguagem das flores, os significativos variam de acordo com a cor da rosa. Neste baralho as vemos brancas, vermelhas, amarelas e rosas. O branco é para o amor, a unidade e a beleza; o vermelho indica beleza, amor, harmonia e encanto; o rosa, amizade, idílio e carinho e o amarelo, amizade e a luz do sol. As rosas exercem um papel proeminente em: O Louco, O Mago, Os Amantes, A Força, O Dois de Copas, O Três de Copas, A Rainha de Copas, O Quatro de Paus e A Rainha de Pentáculos.

Sereia: Criatura elemental da água. Indica sexualidade, intriga e anelo. Presente em: O Quatro de Copas, O Cinco de Copas e O Sete de Copas, além de vir na heráldica do Cavaleiro de Copas e de O Rei de Copas.

Sol: O lado masculino da deidade. A magia solar, a força, a luz e o poder. Aparece em: O Sumo Sacerdote, Os Amantes, O Sol, O Karma e O Nove de Paus.

Trono: Simboliza soberania e poder. Mostra-se em: A Grande Sacerdotisa, A Imperatriz, O Imperador, A Rainha de Copas, O Rei de Copas, A Rainha de Espadas, O Rei de Espadas, A Rainha de Paus, O Rei de Paus, A Rainha de Pentáculos e O Rei de Pentáculos.

Tulipa: Esta flor é usada na magia de prosperidade e corresponde ao elemento terra. Na linguagem das flores, simboliza a realeza e o sussurro do amor. Aparece em: O Imperador, Os Amantes e A Rainha de Pentáculos.

Vara: Um utensílio do mago utilizado para dirigir e concentrar o poder pessoal. Presente em: O Mago e O Carro.

Vara de Espinho: Neste baralho, a vara que aparece no naipe de Paus é um ramo florido de espinheira. O espinho está associado ao elemento fogo; assim mesmo é uma árvore de poder e de folclore mágicos. Usam-se suas flores na magia em conjuros de proteção e fertilidade. Está presente nas cartas: O Mago, A Roda do Ano e todo o naipe de paus.

Vendagem nos olhos: As que aparecem no *Tarô das Bruxas* podem definir-se de dois modos: Um, como se vê no Oito de Espadas, mostra-nos que a mulher sente-se tal qual uma refém. Sua vendagem causa-lhe desorientação e a impede de ver o que a rodeia. Em seguida, temos o extremo oposto: O Dois de Espadas. Esta venda impede a distração e ajuda a olhar em seu interior. Agora seus sentidos estão aguçados: Que podem ensinar-lhe?

Videira: Representa a alquimia da percepção e está presente em O Três de Pentáculos.

Referência Bibliográfica

ALMOND, Joselyn; KEITH, Seddon: *Understanding Tarot*. London Aquarian, 1991.

AMBERSTONE, Ruth Ann; WALD Amberstone. *The Secret Language of Tarot*. San Francisco, CA: Weiser Books, 2008.

ANDREWS, Ted. *Animal Speak*. St. Paul, MN: Llewellyn Worldwide. 1994.

CARR-GOMM, Phillip; CARR-GOMM, Stephanie. *The Druid Animal Oracle*. Nova York: Simon and Schuter, 1994.

CUNNINGHAM, Scott. Cunningham's *Encyclopedia of Magical Herbs*. St. Paul, MN: Llewellyn Worldwise, 1996.

DUGAN, Ellen. *Book of Witchery*. Woodbury, MN: Llewellyn, Worldwide 2009.

____. *The Enchanted Cat*. Woodbury, MN: Llewellyn, Worldwide, 2006.

____. *Garden Witchery*. St. Paul, MN: Llewellyn, Worldwide, 2003

____. *Garden Witch's Herbal*. Woodlbury, MN: Llewellyn, Worldwide, 2009.

FENTON-SMITH, Paul. *Tarot Masterclass*. MSW, Austrália: Inspired Living Publishing, 2007.

GREENWAY, Leana. *Simply Tarot*. Nova York: Sterling Publishing, 2005.

GREER, Mary K. *21 Ways to Read a Tarot Card*. Woodlbury, MN: Llewellyn, Wordlwide, 2006.

HALL, Judy. *The Crystal Bible*. Cincinatti, OH Walking Stick Press, 2003.

LAUFER, Geraldine Adamich; TUSSIE-MUSSEIS. *The Victorian Art of Expressing Yourself in the Language of the Flowers*. Nova York: Workman Publishing Company, 1993.

MANGIAPANE, John. *It's All in the Cards: Tarot Reading Mady Easy*. Nova York Sterling Publishing Company, 2004.

MOORE, Barbara. *Tarot of Begginers*. Woodlbury, MN: Lewellyn, Worldwide, 2008.Nahmad, Clire. *Garden Spells*. Filadélfia, PA: Running Press, 1994.

POLLACK, Rachel. Woodbury, MN: Llewellyn, Worldwide, 2008.

_____. *78 Degrees of Wisdom*. San Francisco: Weiser Books, 2007.

SKOLNICK, Salomon M. *The Language of Flowers*. *White Plains*, NY: Peter Pauper Press, 1995.

Sobre a autora

Ellen Dugan, conhecida também como a Bruxa do Jardim, é uma clarividente psíquica que vive em Missouri com seu marido e seus três filhos. Foi bruxa praticamente durante mais de vinte e nove anos e é a premiada autora de mais de uma dezena de livros, assim como leitora de tarô de grande prestígio. Visite sua página na web em: www.ellendugan.com e seu famoso Blog of Witchery em: www.ellendugan.blogspot.com.

Sobre o Ilustrador

Mark Evans (Queens, Nova York) é um conceituado ilustrador que criou esquemas gráficos, desenhos conceituais e ilustrações de produção para centenas de clientes de todo o mundo, entre eles Coca-Cola, Walt Disney e Marvel Comics. Visite sua página: www.cloudmover.net.

Mark dedica seu trabalho artístico nesse baralho à memória de seus pais.

Impresso por :

gráfica e editora

Tel.:11 2769-9056